"四步曲"开放型实践教学活动研究与探索

岑 岗　林雪芬　著

内 容 提 要

本书是教育学实践教学专著,主要内容包括"四步曲"开放型项目教学的理论分析以及作者近十年来开展的开放型项目教学实践总结。作者从开放型实践教学和"四步曲"开放型实践教学两个阶段展开论述,将定量研究方法和定性研究方法结合起来,全面地构建了该实践教学体系。

本书是国内开放型项目教学的第一本专著,书中提出的"开放型项目教学"及"'四步曲'开放型实践教学"在国内都尚属首例。通过阅读本书,读者能够了解到:什么是"四步曲"开放型实践教学,"四步曲"的特点是什么,"四步曲"对学生起到了什么作用,在高校中如何开展"四步曲"开放型实践教学等。希望通过本书,可以向读者展示"四步曲"的成果,吸引更多的研究者投入到实践教学中来。

本书面向的主要读者是学术领域的研究者、高校一线教师以及实践教学的管理者,本书的大部分内容对于一般的教育工作者都具有可读性。

图书在版编目(CIP)数据

"四步曲"开放型实践教学活动研究与探索 / 岑岗,林雪芬著. -- 北京:中国水利水电出版社,2016.12(2017.12重印)
 ISBN 978-7-5170-4945-6

Ⅰ. ①四… Ⅱ. ①岑… ②林… Ⅲ. ①高等学校-教学实践-研究 Ⅳ. ①G642.0

中国版本图书馆CIP数据核字(2016)第296865号

策划编辑:杨庆川 责任编辑:杨元泓 加工编辑:孙 丹 封面设计:李 佳

书 名	"四步曲"开放型实践教学活动研究与探索 SIBUQU KAIFANGXING SHIJIAN JIAOXUE HUODONG YANJIU YU TANSUO
作 者	岑岗 林雪芬 著
出版发行	中国水利水电出版社 (北京市海淀区玉渊潭南路1号D座 100038) 网址:www.waterpub.com.cn E-mail:mchannel@263.net(万水) sales@waterpub.com.cn 电话:(010)68367658(营销中心)、82562819(万水)
经 售	全国各地新华书店和相关出版物销售网点
排 版	北京万水电子信息有限公司
印 刷	三河市鑫金马印装有限公司
规 格	170mm×240mm 16开本 11印张 195千字
版 次	2016年12月第1版 2017年12月第2次印刷
定 价	45.00元

凡购买我社图书,如有缺页、倒页、脱页的,本社营销中心负责调换

版权所有·侵权必究

前言

这些年，我们一直在思考如何在我校国际化背景下借鉴德国应用型人才培养的经验，结合国情与校情，开展项目教学，深化应用型人才的培养。岑岗教授自 2003 年担任教育信息技术学系系主任后，更是重点考虑这方面的问题。2004 年起，借鉴德国应用型人才培养模式，开展了开放型项目教学、开放型实验等一系列开放型实践教学活动，并于 2008 年形成"四步曲"开放型实践教学模式。

今年是岑岗教授从教 31 周年，又是浙江科技学院与德国应用科技大学合作办学 31 周年。回顾 31 年来的高校教学，我们扪心自问，自开放型项目教学开创以来，我们的研究目标是否已实现？开放型项目教学的效果怎么样？为此，我们撰写了此书并将其命名为《"四步曲"开放型实践教学活动研究与探索》，同时还出版了一本由参加"四步曲"开放型实践教学活动的几十位师生撰写的《"四步曲"开放型实践教学感悟集》，以此作为"四步曲"开放型教学模式的总结并希望予以推广。

岑岗教授大学毕业后被分配到了一家无线电厂工作，1985 年 5 月初从企业调入高校工作后，一直从事计算机基础教学，后来又对教育信息技术方面进行了研究。31 年来，一直借鉴德国应用科技大学（FH）的应用型人才培养模式培养学生。初期参加了几期中德政府的合作项目，深入了解了诸如"企业的现场工程师"的应用型人才培养的定位。岑岗教授自 2003 年起担任教育信息技术学系系主任后，结合专业人才培养计划，考虑如何构建一个与中国的国情和我们的校情相适应的培养模式与环境。开展一些改革与探索，实现在教学培养计划外加强应用能力的培养。从 2004 年起开始进行开放型项目教学实践，2007 年跟随学校的教育访问团，到德国汉诺威应用技术大学进行实地学习考察，回来后随即开展多年的研究实践与探索。2008 年提出开放型实践教学模式的构建与实践探索。2008 年 7 月调任理学院工作，在理学院的部分老师支持下继续进行实践探索，并将这一模式定名为"四步曲"开放型实践教学模式，在实践中取得了一定的成效。2014 年 7 月，岑岗教授又回到了自己学科所在的信息与电子工程学院担任院长，希望能继续把这一教学模式做好，让更多的学生受益。林雪芬老师研究生毕业后来高校担任专业老师，12 年来一直参与开放型项目教学的理论研究与实践，承担项目研究工作，并撰写了多篇研究论文，取得了丰富的成果。

在"四步曲"开放型实践教学模式的构建和实践探索中,我们碰到了不少志同道合的同仁。原浙江科技学院校长竺树声教授、林建忠教授和原校党委书记沈敏光同志在任期间对作者岑岗的潜心教学工作给予了充分的肯定和大力的支持。莫云峰、唐伟、雷运发、刘省权、马伟锋、孙晓勇、张银南、魏英等老师一直是我们在研究与实践中的支持者与参与者,覃伟、鲍宗亮、于芬、柳杨、潘旭锋、吴纯等老师在项目教学实践初期也做了大量的工作;阮世平、张少林、徐弼军、汪文彬、许森东等老师在理学院实践教学方面给予了我们很大的支持和帮助;还有胡月、冯元新、李祖樟、熊必涛、钱亚冠等老师尽心尽力地指导学生,使该模式得到进一步完善与推广;骆钧炎、周红兵、刘省权等老师常常帮助指导学生撰写英文论文,使得很多学生的论文能够在国际会议上被录用;王长荣、陈烨、方秀菊一直以来对我们的研究与实践进行了指导与帮助;王建中、薛有才、姜国泉、蒋邢飞、花彩霞、裘彬强、林丽、周健吉、王亦军、张圣律、唐步明、盛海波、徐华军、程志刚、孙奕鸣、成晓越、吕兵兵等老师在我们的研究与实践工作中给予了大力的支持与帮助。

这里还要提提参加开放型实践教学的学生们,没有他们的大力支持与合作就没有开放实践教学。第一位参加实践项目教学的项城同学给岑岗教授的短信"愿意做您教学改革的试验品",让我们增加了对实践教学研究与实践的决心与信心;我们所指导的第一位参加浙江省大学生多媒体作品设计竞赛的学生顾燕霞,带领同学创作的三个课件作品分别在两届竞赛中获一、二、三等奖,为学弟学妹们树立了榜样;邵文飞等组织的"幻影"学生社团,让同学们有了一个活动的平台;汪飞、林炳元等在学生中建立了课余实践兴趣 Shadow 和 TOP 学习小组,让更多的学生有了实践的环境,体验到实践的乐趣与参与的决心;李荣存、余建伟、韩佳平、胡昊在实践实验室和基地为同学们服务管理做出的大量工作,为学生提供了实践保障;韩佳平、方益、陈璇等,积极参加教学活动后,担当起学生助教;朱贵、黄菁菁、廖银亮、夏剑雄、章国栋、邵文飞、沈晓红、潘晓虹、卢忠、梅进光、邵文飞、马海滨、陈洁等一些毕业的同学,常回母校为学弟学妹们进行指导,交流实习的体会;范玉凤是参加实践的受益者,研究生毕业后回到母校工作,又担当起学生实践的指导者;华益峰等作为不同校区的实践者,与陈璇、金梦奇、汪锴开展了多校区合作的实践探索。还有很多毕业生在走上工作岗位后,为我们的学生提供了很多校外企业实习岗位,在此一并感谢他们。

我们通过以下两个问题来呈现这 12 年的研究与探索。

问题一:我们在"四步曲"实践教学活动中做了什么?起到了什么作用?

（1）宣传动员学生参与实践教学活动。

（2）组织师生一起构建开放型实践教学的实践环境。

（3）具体指导学生开展开放型实践教学活动。

问题二：我们有哪些成果？

（1）开放型项目教学获浙江省教学成果二等奖。

（2）开放型项目教学理论研究获浙江省高校科研成果三等奖。

（3）多位老师因此获学生心目中的好老师、省三育人先进个人，省级和校级优秀指导老师等荣誉称号。

（4）让更多的学生受益，在开放型实践教学模式活动中提高自身的应用能力。

我们将继续进行实践探索，为学生提供更好的环境，为学校的发展和教育事业的发展做出我们应有的贡献。

本书得到了 2011 年度教育部人文社会科学研究一般（规划基金）项目"工程教育环境下开放型实践教学的研究（编号：11YJA880003）"、2013 年浙江省自然科学基金项目"开放型项目教学背景下应用型人才培养的管理机制研究（项目编号：LY13G030035）"和 2016 年浙江科技学院学术著作出版专项资助。

感谢中国水利水电出版社正式出版《"四步曲"开放型实践教学活动研究与探索》，感谢王长荣教授一直以来对我们的支持与帮助，他时常提出很多优秀的建议和意见；陈璇参加了部分编写工作；范玉凤对本书的编写提出了建议；冯天祥、王兴寅、张艺凡、韩康、胡昊、华益峰、王国庆、林创伟等同学帮助校对文字，在此一并表示感谢。

岑 岗　林雪芬
2016 年 12 月于杭州

目录

前言

引言 ··· 1

第 1 章 开放型项目教学模式设计与实施 ·· 4

1.1 项目教学概述 ·· 4
1.1.1 项目教学的概念 ·· 4
1.1.2 项目教学的发展 ·· 5

1.2 开放型项目教学模式的设计 ·· 6
1.2.1 开放型项目教学模式的提出 ··· 6
1.2.2 开放型项目教学的框架 ··· 7
1.2.3 开放型项目教学的实践环境营造 ··· 9

1.3 开放型项目教学活动的实施 ·· 9
1.3.1 开放型项目教学的项目选择 ··· 9
1.3.2 开放型项目教学的团队组成 ·· 10
1.3.3 开放型项目教学的管理 ·· 10

1.4 开放型项目教学的过程管理探索 ··· 13
1.4.1 教学过程化管理系统的设计理念与设计思想 ································· 13
1.4.2 教学过程化管理系统的数据模型设计 ·· 14
1.4.3 系统结构设计 ·· 14
1.4.4 过程化管理系统的平台实现 ·· 18
1.4.5 过程化管理系统特点及作用 ·· 19

1.5 开放型项目教学的特点与意义 ·· 19
1.5.1 开放型项目教学的特点 ·· 19
1.5.2 开放型项目教学的意义 ·· 21

1.6 开放型项目教学活动的实践 ··· 22
1.6.1 开放型项目教学的实践起源 ·· 22
1.6.2 开放型项目教学活动的教学研究成效 ·· 23
1.6.3 开放型项目教学活动的学生实践成效 ·· 23

1.7 小结 ··· 24

第2章 开放型项目教学活动的研究 ·········· 25
2.1 开放型项目教学活动质的研究 ·········· 25
2.1.1 关于质的研究方法 ·········· 25
2.1.2 研究对象的确定 ·········· 25
2.1.3 研究方法的确定 ·········· 26
2.1.4 教学活动质的研究实施过程 ·········· 26
2.1.5 教学活动质的研究结果 ·········· 27
2.2 开放型项目教学活动量的研究 ·········· 29
2.2.1 关于量的研究方法 ·········· 29
2.2.2 研究对象的确定 ·········· 30
2.2.3 研究方法的确定 ·········· 30
2.2.4 量的研究结果 ·········· 31
2.2.5 开放型项目教学活动存在的问题 ·········· 33
2.3 开放型项目教学活动的研究结论 ·········· 33

第3章 开放型实验项目教学活动的研究与探索 ·········· 35
3.1 开放型实验项目教学活动 ·········· 35
3.1.1 开放型实验项目教学活动的提出 ·········· 35
3.1.2 开放型实验项目教学的理论依据 ·········· 36
3.1.3 开放型实验项目教学的项目来源 ·········· 37
3.1.4 开放型实验项目教学活动的特点 ·········· 37
3.2 开放型实验项目教学在物理教学中的应用 ·········· 39
3.2.1 基于网络的开放型物理实验教学模式的构建 ·········· 39
3.2.2 基于网络的开放型物理实验项目尝试的成效 ·········· 41
3.3 开放型实验项目教学在信息与计算科学专业教学中的应用 ·········· 41
3.3.1 信息与计算科学专业培养目标与特点 ·········· 41
3.3.2 信息与计算科学专业开放型实验项目来源 ·········· 41
3.3.3 在信息与计算科学专业中的尝试 ·········· 42
3.4 开放型实验项目教学活动实践 ·········· 42
3.4.1 开放型实验项目教学活动的几个案例 ·········· 43
3.4.2 专业实验引入开放型实验项目 ·········· 43
3.5 小结 ·········· 43

第4章 "四步曲"开放型实践教学体系构建 ·········· 45
4.1 "四步曲"开放型实践教学模式的基础 ·········· 45
4.1.1 开放型项目教学存在的问题 ·········· 45

  4.1.2 "四步曲"开放型实践教学模式的理论基础·················46
 4.2 "四步曲"开放型实践教学的体系·································47
  4.2.1 "四步曲"开放型实践教学体系组成·······················47
  4.2.2 "四步曲"开放型实践教学模式体系的内容···············49
  4.2.3 "四步曲"开放型实践教学体系与培养计划的关系········50
  4.2.4 "四步曲"开放型实践教学体系的特点·····················51
 4.3 "四步曲"开放型实践教学活动的实践·····························52
  4.3.1 "四步曲"开放型实践教学活动的影响因素···············52
  4.3.2 "四步曲"开放型实践教学活动的实施保证···············53
  4.3.3 "四步曲"开放型实践教学活动的实践成效···············54
 4.4 小结··55

第5章 "四步曲"实践教学活动的环境建设与管理··············56
 5.1 "四步曲"开放型实践教学环境构建·································56
  5.1.1 开放型实践教学环境存在的问题·························56
  5.1.2 改善实践环境的几项措施·································57
 5.2 学生自主管理开放型专业实验室·····································58
  5.2.1 学生自主管理实验室的原因·······························58
  5.2.2 学生自主管理实验室形式·································59
  5.2.3 学生自主管理实验室的实施方法·························59
  5.2.4 教师在开放的专业实验室中的作用·····················60
  5.2.5 学生自主管理实验室的意义·······························60
 5.3 构建"四步曲"开放型实践教学创新环境·························61
  5.3.1 构建"四步曲"开放型实践教学创新环境··············61
  5.3.2 开放型实践教学基地的创建·······························64
  5.3.3 开放型实践创新基地的任务与作用·····················64
 5.4 学生自主管理实践基地探索···65
  5.4.1 学生自主管理实践教学基地·······························65
  5.4.2 学生自主管理实践教学基地作用·························66
  5.4.3 学生自主管理实践教学基地的尝试·····················67
  5.4.4 学生自主管理实践教学基地的效果·····················68
 5.5 多校区学生自主创新实践环境研究与构建·······················69
  5.5.1 多校区开放型实践教学的几个受限问题···············69
  5.5.2 解决受限问题的具体措施·································70
  5.5.3 互联网技术的应用··72

		5.5.4 多校区管理原则 ·· 72

    5.5.4 多校区管理原则 ·· 72
    5.5.5 多校区实践探索取得的成效 ·· 72
  5.6 小结 ·· 73

第6章 "四步曲"开放型实践教学模式研究与探索总结 ················· 74
  6.1 "四步曲"研究背景与过程 ··· 74
  6.2 "四步曲"研究与实践的主要内容 ·· 75
    6.2.1 实践教学活动的模式研究 ·· 75
    6.2.2 实践教学活动的应用实践 ·· 75
    6.2.3 开放型实践教学活动的环境构建 ·· 76
  6.3 "四步曲"理论研究与实践教学成果 ······································· 76
    6.3.1 理论研究成果 ··· 76
    6.3.2 学生实践成果 ··· 77
  6.4 "四步曲"开放型研究与实践特点与创新点 ···························· 77
    6.4.1 实践教学模式特点 ·· 77
    6.4.2 研究及研究成果创新点 ··· 78
  6.5 研究与实践的成果应用与推广 ··· 79
    6.5.1 研究与实践成果应用 ··· 79
    6.5.2 研究与实践推广 ·· 79

第7章 "四步曲"开放型实践教学案例 ···································· 81
  7.1 环境影响型案例 ··· 81
    7.1.1 案例1：学生社团——幻影数字媒体协会 ······························ 81
    7.1.2 案例2：创作基地——多媒体创作室 ···································· 87
    7.1.3 案例3 兴趣小组——学生计算机兴趣学习小组 ······················ 95
  7.2 教师引导型案例 ··· 107
    7.2.1 案例1：潘晓虹和她的项目学习实践团队 ······························ 107
    7.2.2 案例2：卢忠团队的四步曲实践教学 ···································· 109
    7.2.3 案例3：两校区的合作学习实践 ··· 111
  7.3 同伴影响型案例 ··· 115
    7.3.1 案例1：朱贵的网络课程设计实践团队 ································· 115
    7.3.2 案例2：王慧琴的课件制作实践团队 ···································· 119
  7.4 兴趣型案例 ·· 122
    7.4.1 案例1：个人兴趣——兴趣群体实践 ···································· 122
    7.4.2 案例2：共同兴趣——翁彬彬实践团队 ································· 131
  7.5 结束语 ··· 135

附录1 "四步曲"开放型实践教学活动资助的项目情况一览表 ………… 136
附录2 "四步曲"开放型实践教学活动教改获奖情况一览表 ………… 137
附录3 "四步曲"开放型实践教学活动相关研究论文一览表 ………… 138
附录4 "四步曲"开放型实践教学活动学生主持省部级项目一览表 …… 141
附录5 "四步曲"开放型实践教学活动学生部分省级及以上
    获奖情况一览表 ……………………………………………… 148
附录6 "四步曲"开放型实践教学活动中学生发表的论文一览表 ……… 157

引 言

近年来,应用型人才培养得到了教育界的重视,也是各高校研究的热点,各大高校相继提出了各种新型的教学模式以培养高素质的应用型人才。通过开设开放性实验、设立创新学分、建立创新基地等措施来推动学生应用实践能力的培养、激发学生自主学习的热情。但在很多研究者看来,开放性实验项目实践、科技创新项目实践、科技竞赛实践和实践活动的成果各个模块是独立的,对开放型实践教学模式的综合研究论点较少。本研究正是从这个角度出发,将上述四个模块有机地整合起来,形成一个相互关联的实践教学活动整体。

1. 实践教学的研究进展

国外从社会需求到高校及相关组织都对工程实践提出了不同的要求。美国麻省理工学院和瑞典皇家工学院等 4 所大学成立了 CDIO(Conceive, Design, Implement, Operate)国际合作组织,并提出了工程教育理念的 4 个层面:技术知识和推理,个人和职业技能和职业道德,人际交往技能及团队协作和交流,企业和社会的构思、设计、实施。美国工程院与自然科学基金委员会共同组织发起的"2020 工程师"计划发表的《2020 的工程师:新世纪工程的愿望》也指出,未来的工程师应具备分析能力、实践经验、创造力、沟通能力、商务和管理能力、终身学习能力等关键特征。美国麻省理工学院航空航天工程系教授和美国工程院院士 Edward F.Crawle 通过研究工程教育环境表明,在特定环境中开展工程教育的效果是显而易见的,效法职业实践,有助于提高学习技能。在德国布伦瑞克-沃尔芬比特应用科学大学,让学生自由组合完成课程项目,项目成员要负责场地、时间、任务分配等一系列工作,学生的学习气氛非常好,对学生的综合应用能力的培养有很大的帮助。

国内的专家学者曾指出我国工程教育的主要问题:一是专业口径过窄,二是教育偏重理论而学生缺少实践应用能力。当前我国工程教育实践教学发展的趋势表现为:科研训练计划、教学计划趋向综合化和开放化、设计教育贯穿工程实践教学和"工程形成"理念引导实践教学体系。归纳研究者对实践教学改革指导思想的论述,实践教学改革的目标可以分为两个方面:一是从工程教育的内在特征出发,认为实践教学的改革目标是纠正传统工程教育过于学科化倾向,使之回归到为工程服务的本质上来;二是从工程实践教学的工具性特征出发,认为工程实践教学是推进教育改革的重要形式之一。除了理论研究外,实践研究成果也初显成效。汕头大学等以 CDIO 工程教育模式为基础，提出了能力—素质—知识一体化课程（体系），并进行了试点研究。浙江科技学院通过借鉴德国应用科技大学教学模式，探索具有国际化背景的培养高层次应用型人才的教学模式。

开放性实验项目教学是一种被广大高校接受的培养学生实践能力的实验教学模式，它已经成为了目前世界各个高校实验室教学改革研究的重点和发展方向。20 世纪 80 年代，许多大学就开始进行开放性实验室建设与教学的尝试，也取得了不少成绩。但存在以下问题：在教改研究方面，大多数开放性实验教学研究局限在某一特定的课程实验中；研究者鲜有用高等教育学或大学课程论的基本原理来探讨开放性实验教学理论；在实施过程中，如何权衡综合创新、扩大学生选择的自由度与学生的基本实践能力和基本素质的培养之间的矛盾，如何改革基础实验开放性教学活动的形式；如何建立一套有效的开放实验项目教学模式等。

综合来看，目前实践教学的研究呈现出两种态势：一是引入某种教育理念或教学模式，并结合实践教学改革，论述这种教育理念或教学模式对推进实践教学改革的作用，侧重于宏观教学设计；另一种是从实践教学的教育改革成果出发，总结教学改革的经验和有效的改革途径，揭示实践教学发展的趋势，侧重于实践教学的微观操作层面。事实上，一种"实践导向"的开放型实践教学模式正在悄然形成。

2. 开放型实践教学创新初探

开放型项目教学最早源于学校提出的本科生导师制。2003 年浙江科技学院教育信息技术系实行了导师制，即学生从进校起就可以根据自己的兴趣爱好选择一位老师作为指导老师，在业余时间学习一些自己感兴趣的专业知识等。课题组经过几年的探索，在学习和借鉴德国应用技术大学（FH）实践教学模式的基础上，2005 年提出了"开放型项目教学"，同时进一步在教育技术学专业进行实践。鼓励学生积极参与项目教学，包括教师的项目、学生自己申请校级科技立项以及参与学科竞赛等，使学生在开展开放型项目教学中，提高学习主动性，促进学生综合能力培养。由于开放型项目教学的灵活性与自主性以及它注重学生自主学习的特性，避免了传统教学中的"跟着老师走""为考试而学习"等的弊端。课题组于 2008 年底提出了校际开放型项目教学平台，使学生具有更广的选择性和主动性。近几年，开放型项目教学的受益面随着公共课程的开设已普及到全校。

3. 开放型实践教学的实践价值

开放型实践教学是在建构主义学习理论指导下，以开放性实验教学为平台，以学生科技创新项目为载体，以大学生学科竞赛为支撑，以科研成果的获取与推广为效益，通过讨论、设计、协作开发、自我管理、成果评价最终完成项目的一种教学模式。

开放型实践教学体现了以学生为中心的理念，为他们提供一个能够充分发挥自主性、创造性的学习环境，使学生从封闭式的学习环境中解脱出来，进而发挥其创造能力。由开放性实验项目、科技创新项目实践、学科竞赛实践和实践活动的成果获取"四步曲"构成的开放型实践教学，是一种适用于理工科高等院校应用型人才培养的实践教学模式。

- 课题的理论研究价值：为问题产生提供必要的理论解释，此项目的开展为高等教育学和大学课程论的改革和发展起到积极的推动作用。
- 课题的实际应用价值：为高层次应用型人才的科学素质和工程能力的提高提供一个可供借鉴和推广的模式。

第1章 开放型项目教学模式设计与实施

1.1 项目教学概述[1][2][3][4][5][6]

以教师为中心的传统教学模式已难以适应现代社会的需求,在教学改革的不断探索中,出现了一系列的现代教育理念,同时,植根于不同教育理念的教学模式也层出不穷。开放型项目教学是由项目教学拓展而来,下面先介绍项目教学的概念及进展。

1.1.1 项目教学的概念

项目教学是近年来国内外兴起的一种基于建构主义学习理论的模式,也称为基于项目的教学。项目教学法是由美国著名教育家、伊利诺易大学教授凯兹博士和加拿大教育家、阿尔伯特大学教授查德博士共同创建的,20世纪80年代以来,在基础教育、职业教育和高等教育中得到了广泛的应用,成为典型的以学生为主体的教学方法。项目教学法的核心思想是让学生"从做中学",通过"任务驱动"的方式调动学生主动获取知识和解决问题的积极性,通过学生之间、师生之间交流、讨论、演示、评价等多种方式激发学生的学习热情,增强理论与实践的联系,提高学生的动手能力、思维能力、探究能力和创新能力。它是以学科的概念和原理为中心,以制作作品并将作品推销给客户为目的,在真实世界中借助多种资源开展探究活动,并在一定时间内解决一系列相互关联着的问题的一种新型探究性教学模式。这是一套能使教师指导学生对真实世界主题进行深入研究的课程活动,具体表现为构想、验证、完善、制造出某种东西。该方法旨在将学生融入有意义的任务完成的过程中,让学生自主地、积极

---

[1] 岑岗,林雪芬. 开放型项目教学的研究与实践[J]. 浙江科技学院学报,2010,22(5):375-380.
[2] 刘景福,钟志贤. 基于项目的学习(PBL)模式研究[J]. 外国教育研究,2002(11):18-22.
[3] 夏惠贤. 多元智力理论与项目学习[J]. 全球教育展望,2002(9):20-26.
[4] 岑岗. 开放型项目教学促进应用能力培养的研究与探索[C]. 应用型人才培养的理论与实践—首届中德论坛(杭州)文集,高等教育出版社,2008.9:453-460
[5] 陈洁,岑岗. 开放型项目学习促进计算机应用能力培养的探索[J]. 计算机时代,2007(8):9-11.
[6] 任英杰,戴心来. 网络环境下基于项目的协作学习探究[J]. 电化教育研究,2004(12):57-60.

地进行知识建构，以现实的、学生生成的知识和培养起来的能力为最高成就目标。支持项目教学的理论基础主要有建构主义学习理论、杜威的实用主义教育理论和情境学习理论。

项目教学可以分为多种类型，包括有结构的项目、与主题有关的项目、有体裁的项目、模板项目和开放型项目等。这些类型中，有些项目具有严密程式，有些则是学生感兴趣的主题或活动，如学习中心或活动中心。项目教学采用的方法一般为：在课堂中，由教师给学生布置一个任务，学生通过所给的项目完成学习任务，实现在教学培养计划中的培养目标。在课堂环境中的项目教学的学习中，学生获取学习资料的途径和工具主要是课堂中提供的文字参考资料、图片、模型、影碟等。

1.1.2 项目教学的发展

传统教学模式是一种以教师为中心的教学模式，强调教师的主导地位和支配作用。教师是教学活动的中心，是知识的拥有者和传递者，教师通过系统的讲解向学生传送教学信息。学生是被灌输的对象，是被动的学习者，必须依靠教师的组织、安排和要求进行学习。这种方式忽视了学生的认知主体作用，不利于具有创新思维和创新能力的创造型人才的成长。

20多年前项目教学由MCMASTER大学中的医药学院首先应用以来，在课堂教学中应用居多，操作的程序主要是先由教师在课堂上提出进行学习的问题或项目，然后再将学生分成5～6人为一组的学习小组，在课堂上给出一定的时间让学生进行讨论和分工学习，学习完成后学生向教师汇报学习结果。国外大中小学均普遍应用该模式进行教学，美国森林协会和西部地区环境教育委员会的自然资源管理者与教育家联手，形成了项目教学组织。国内的钟志贤教授、黎加厚教授等都从不同的角度对该教学模式进行过阐释，部分公司（如3Com公司）也开始使用这种教学模式和思想对员工进行培训。

目前，对项目教学的探讨主要从以下几个角度进行：

（1）教育学角度。

这是最广泛也是最直接的一个角度。从这个角度出发，研究探讨的是项目教学的定义、理论基础以及实施的具体过程等。刘景福等指出，由于课堂教学空间的局限性，使得课堂环境中的项目学习呈现出众多的缺点，如学习社群狭窄、学习资源的获取极为有限、项目学习反馈与评价效果不佳、比较耗费时间、知识迁移比较困难、教师缺乏必要的技能和参与的动机、基于问题的学习开销更大等。而项目教学却可以弥补这些缺陷。

（2）组织传播学角度。

部分学者从组织传播这个交叉学科的角度来审视项目教学，提出两者的共性，并从这个角度审视当前项目教学过程中所出现的问题。如郑晓丽等的从组织传播的角度来审视基于项目的学习。

（3）信息传递角度。

教育的方式可以分为传统教育和远程教育。有些学者从这两种不同的角度对当前的项目教学作了深入的剖析，例如任英杰、戴心来等的网络环境下基于项目的协作学习探究。更有些学者将该模式应用到了一些校企培训中，取得了良好的效果。

纵观众多研究成果，项目教学是一种源于实践回归实践的学习方式。而能让这种学习方式发挥最大优势在于其开放性，这也是该学习方式的一个主要趋势。

1.2 开放型项目教学模式的设计[①][②]

1.2.1 开放型项目教学模式的提出

2003年年底，课题组从提高计算机应用能力着手，结合专业的特点，鼓励学生积极参与项目教学活动。学生利用课余时间，在第二课堂中开展开放型项目教学探索与实践，通过完成所选择的项目任务，提高学习主动性，促进综合能力的培养。2005年课题组正式提出了"开放型项目教学"模式。即让学生结合所学专业，在课余时间（第二课堂）自主地选择项目、学习伙伴、指导教师、学习环境等，通过完成开放型的项目，提高学生的应用设计动手能力。由于开放型项目教学要求学习者具备一定的自学能力，并有相应的知识储备，因此，在大学里开展开放型项目学习的课题相应地较多。从已有的研究来看，一些学者和研究组织已经开展了这种研究。由诺丁汉大学、诺丁汉特伦特大学、德蒙特福德大学及拉夫堡大学联合实施的 PBLE（将基于项目的学习应用于工程学中）取得了显著成果。该项目旨在通过项目的形式促进工程教育的进一步发展，并提升学生知识的迁移能力和对学科知识的掌握。德国波鸿鲁尔大学的 Burkhard Priemer 指出，通过开放型项目，学生学会了计划、实施及评价他们自己的科学方法及实验，达到了较为理想的结果。他曾做过一个试验，让学生构建一个小型的风能厂。结果表明，尽管学生需要做出一些以前从来没有做过的

---

① 岑岗，陈洁.开放型项目教学提高计算机应用能力的实践[C].全国高校计算机基础教育研究会2008年学术年会论文集，清华大学出版社．2008.11:224-229.
② 岑岗，林雪芬.开放型项目教学的研究与实践[J].浙江科技学院学报,2010,22(5):375-380.

决定，面对复杂的项目会感到压力比较大，但他们会根据环境及具体情况找到适合当前情境的方法。他指出该种学习方式适合用于以学习者为中心的情境，并能锻炼学习者的实际操作能力。环球知识研习学院在内地、香港、新加坡及其他地区开展的 3I（Interdisciplinary，Inter-school，and International）项目学习要求学生与校内及社区的其他学生一起合作完成特定项目，以达到构建知识的目的。从抽样的 745 个学生得出的数据来看，通过该项目，学生可以学习课外知识，发展自主学习能力，同时可通过各种手段获得学习的资料，该项目认为开展此种项目学习对学生的高级思维能力发展具有非常重要的意义。美国一家非盈利性机构"高级网络服务公司"创立了网络挑战赛 ThinkQuest，它在网络上公布数个 ThinkQuest 挑战项目，这些项目要求参与者们（通常是学生）协作创建高质量、内容丰富的教育网站。目前已有 100 多个国家、10 万多名学生和教育工作者参与了这项活动。该项挑战赛在提高学习者实践技能和协作能力的同时，也在创造教育网站的资源库，迄今为止，它都是世界范围内较为成功和持久的教育计划之一。该案例有几个特点：目标任务是创建一个教育网站；命题是开放的；要求参与者协作完成；体现了以学生为中心，基于项目的学习方式；同时强调参与者的网络素养和良好的计算机技能。

开放型项目教学注重学生第二课堂的发展，避免了传统教学中的"跟着老师走""为考试而学习"等的弊端，学生可以选择平常学习中的一些小思考、小探索、小问题作为项目背景，制定任务，通过完成这个任务的过程来提高计算机应用能力。这不但激发了学生的学习兴趣，培养学生善于发现问题、解决问题和综合应用知识的能力，也增强了学生的创新意识，提高了科研和合作能力。

1.2.2　开放型项目教学的框架

根据开放型项目的特点及项目教学的具体实施策略，基于地方性及专业特色，笔者等人深化了开放型项目教学模式，将其应用于理工科高等院校的专业教学中，形成了有本土特色的教学模式。

开放型项目教学是在建构主义的指导下，以实际的项目课题为载体，在课余时间（即第二课堂）由学生自主地选择学习伙伴、指导教师、学习环境等，通过讨论设计、协作开发、自我管理、成果评价最终完成项目的一种教学模式。这里的"项目"指的是一种能引起学生兴趣、对真实世界作深入调查并进行设计、开发的活动。具体表现为构想、完善、制造甚至是开发某种实物或者是电子产品，例如网站、网络课程、动画、短片、课件等。从选定主题到完成项目，时间跨度可以是几周，也可以是一个学期甚至几个学期。如图 1-1 所示，该开放型项目教学模式体现了两个中心、三个基本条件、四个关键过程。

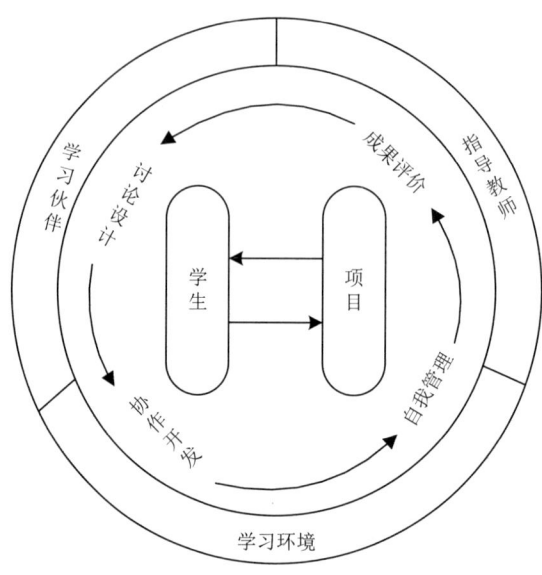

图1-1　开放型项目教学模式

（1）两个中心。多元智能理论指导下的项目教学一般包括学习中心和活动中心，即以特殊智力的学生为核心的学习中心和促进多元智力发展的多元生态课堂活动中心。开放型项目教学继承了项目教学的一些关键特质。学生是整个开放型项目教学的中心，首先有创意的学生根据专业特长提出课题，征求专业教师同意后寻觅合作伙伴，即建立团队，整个项目由该学生牵头并组织；另一个中心是项目或课题，团队组成后整个活动都围绕着该课题开展，即活动中心。这两个中心的建立，充分调动了学生自主学习的积极性，提高了学习动机。

（2）三个基本条件。要完成项目的开发，离不开三个基本条件即学习伙伴、指导教师、学习环境。这三个条件都由学生自主选择，一旦选定后，学习伙伴间、师生间就起到一个互相督促、互相帮助的协作软件环境；硬件环境则是专门提供给学生的专业机房等，便于学生开展项目的开发。

（3）四个关键过程。开展项目开发的过程即团队协作的过程。一般的课题都以设计、开发为主，如网站开发、动画制作等。因此，一般要经历讨论设计、协作开发、自我管理、成果评价四个过程，自我管理贯穿整个开发过程。

开放型教学模式并不是一种在课堂内实施的教学活动，它不受教学培养计划的限制但围绕着培养目标，以完成项目任务的形式开展教学，鼓励创新性、发散性思维。它以丰富学生的知识内涵、培养学生相互间的协作精神、提高学生的科技创新能力为终极目标。

1.2.3 开放型项目教学的实践环境营造

开放型项目教学环境的建设必须从以学生为主体的思路出发,充分考虑不同学生的学习基础、学习方法、学习兴趣等因素。它是由一些能够向学生提供丰富的软、硬件资源的实验室和实践基地组成的,这些资源包括各种助教型 CAI 课件、助学型 CAI 教学系统、共享的工具软件、素材资源库、硬件实验设备等。这些实验室和实践基地是开放性的,学生可以在课外时间来此完成所选项目。开放实验室和实践基地可由学生自主管理和维护,这样可以调动学生的积极性,增强其责任心。此外,构建开放型项目教学实施环境更需要打破学科专业界限、地域界限,加强院系联系,共同协作发展。具体环境营造将在第 5 章详述。

1.3 开放型项目教学活动的实施[①][②][③]

1.3.1 开放型项目教学的项目选择

在开展项目教学的过程中,项目的来源与选择是一个重要的问题。一个项目质量的高低、可操作性等直接影响着整个活动的价值。为充分发挥教师和学生双方在开放型项目教学中的作用,在项目的设想和选择方式上,主要有以下三种:

(1) 学生选择参与教师的教学与科学研究的项目。这是一种以教师研究为主,以学生参与为辅的形式。教师将研究项目的部分设计内容分给学生,让学生参与部分设计、研究讨论等工作,这样能对教师的研究项目从理论到技术实现均有一个较全面的了解,为今后的创新设计奠定基础。它的特点是跟着学。

(2) 学生自己申报科技创新项目。学生根据所学知识,自主选择研究设计项目,申报学生科技创新项目,学校有关部门给予立项,并给予创新学分的认定。这种以学生为主体,教师指导为辅的形式,对学生来说具有一定的吸引力,能激发其积极性和主动性。它的特点是主动学。

(3) 学生选择学科竞赛进行创作设计。学生选择参加与专业相关的省高校大学生学科竞赛进行创作设计,创作设计主题由学生自己选择,可以聘请专任

---

① 岑岗. 开放型项目教学促进应用能力培养的研究与探索[C]. 应用型人才培养的理论与实践—首届中德论坛(杭州)文集,高等教育出版社,2008.9:453-460.
② 岑岗,林雪芬. 开放型项目教学的研究与实践[J]. 浙江科技学院学报,2010,22(5):375-380.
③ 陈洁,岑岗. 开放型项目学习促进计算机应用能力培养的探索[J]. 计算机时代. 2007,(8):9-11.

教师作为指导教师，最终由教师和学生共同商定选题。它的特点是激励学。

因为是由学生确定主题进行创作设计，并且目标明确，所以能充分挖掘出学生的潜能，真正地从"要我学"转变成"我要学"的阶段。

1.3.2 开放型项目教学的团队组成

开放型项目教学活动的团队组成也是相当重要的。项目团队由学生自发组成，并由学生根据项目内容选择一名或多名指导教师。整个团队以学生为中心，教师主要起组织、引导、激励、促进作用。学生在构建团队的过程中，能对组织能力、合作能力和协作能力方面提供必要的条件。实践学习团队组成要注意以下几点：

（1）将学习成绩或专业技能上优异的学生和落后的学生相搭配，既有利于落后学生的转化，同时促进优生在带动落后学生的过程中实现对知识的融会贯通。

（2）根据多元智能理论，将认知方式不同的学生相互搭配，有利于发挥不同认知类型学生的优势，从而促进学生认知风格的"相互强化"。

（3）将不同年级的学生相互搭配，在学生中形成传、帮、带的良好氛围，有利于学生自己的科研梯队的形成，从而促进科研项目持续深入研究。

1.3.3 开放型项目教学的管理

开放型项目教学主要在第二课堂进行，因此与课堂教学相比，难于组织和管理。必须形成一套有效的管理机制和方法，在开放型项目教学中实行自我管理、教师的监督管理和评价管理是个行之有效的管理方法。课题组通过开放型项目教学促进计算机应用能力培养的探索实践中，开发了集开放型、自主学习、协作学习和合作学习等特点于一体的"开放型项目教学应用研究"管理系统，如图1-2所示。

本系统力图充分发挥学生的主观能动性，便于学生在第二课堂中充分学习知识、运用知识。吸收先进的学习理念的同时，把系统的实用性放在第一位，努力维护好第二课堂的学习环境，也为科研教师提供了开放型项目管理应用研究的平台。此系统的开发也从一定程度上填补了本校在第二课堂的学习环境方面的不足，促进学生各方面综合能力的培养。

系统主要分析自主型、开放型的项目学习以及课题成员的应用管理研究。活动形式主要有项目的确定、问题讨论、作品设计、资源搜集、作品评价、角色扮演六种。其作用体现在项目任务与目标的自主性，讨论交流形式的多样性、作品成果互评性、合作伙伴的自由选择性、学习形式的协作与多样性、学习资源的共享性等六大块。这对于在实际教学过程中，指导教师开展项目学习的设计具有较强的针对性和规范性。

图1-2 "开放型项目教学应用研究"管理系统主界面

系统主要分为项目准备、项目申报、项目审核、项目展示、信息交流和系统维护六大模块。

（1）项目准备包括学生基本信息、教师基本信息、项目基本信息等的准备。用户将各自的基本信息（如姓名、专业、兴趣爱好、申报项目的主要内容）及目的意义等填写后提交，等待申报审核。此模块避开了传统的书面材料填写申报方式，一则简化流程，二则便于信息的修改、交流反馈等。

（2）项目申报分为学生申报和教师申报两部分。学生申报主要包括学生申报选题、提交开放课题和选择指导教师，最后由教师自行选择确定。教师申报主要包括提供选题和选择学生，供学生自行选择确定。此模块一则重在师生间的互动性上，师生均可自由出题选题，而教师又能对相关的学生课题进行详细地了解，包括每个申报项目的内容、安排、目的，申报的小组成员信息等，学生又能了解各个教师的优势、特长以及相关在做或未做的项目课题等；二则简化了当前课题组所用的申报流程，不仅更加便于信息的管理、储存，而且在师生间的信息交流上更加方便。

（3）项目审核是确认学生课题项目和教师提供的课题项目是否作为项目学习的课题，经过审核并确定后公示供学生使用。此模块用于检验项目申报的内容以及可取性，筛选出优秀的课题项目。

（4）项目展示部分是项目完成后进行成果结题与成果鉴定信息处理，总结性评价处理的。每个课题完成作品后，由组长登录，选择作品类别并上传作品的经典截图。经指导教师鉴定、审核。审核通过，作品就对外公开展示。该功能模块具有两大特点：第一，实时性，师生们能及时进行全局的规划、更改等，师生不仅仅是参与项目制作的指导老师和小组成员，其他同学和老师亦可进行建议等，项目是开放性的，接收更多的建议信息，能让项目更清楚，做得更好；第二，这种阶段性的信息反馈不仅有利于项目成员的时间安排，也利于研究者的课题进展。不会像以往那样，有些项目因中途遇到种种问题或者成员变动等因素而流产。研究者采用的是阶段性的跟踪，能及时弥补这一问题，让课题顺利进行下去，小组团队顺利合作下去，问题能很好很快地得到帮助和解决。

（5）信息交流是进行讨论交流的场所。有教师讨论组、学生讨论组、项目组成员讨论组、非项目组成员讨论组、审核讨论组、公共讨论组（BBS）等。项目学习组成员也可以约定好其它时间进行讨论交流。每个组均可在线交流，可附带一些视频语音即时交流功能。

（6）系统维护主要包括日常的系统维护、信息发布与公告、信息处理、用户管理、资料上传与下载等功能管理。

在系统开发过程中，选用的平台是 Windows 系统环境，以 Tomcat 作为 Web 服务器和 JSP 的运行环境，JDK 作为 Java 编译器和虚拟机，以 Access 为后台数据库，开发语言使用 JSP，以实现与数据库的连接和前端浏览器的控制。在系统界面设计上，吸收了大量国内外管理平台的优点，简洁又不失美观、清爽又不失大方。

选用 JSP 语言主要是因为它的可移植性高、安全性好、运行较为高效。JSP 通过 JDBC-ODBC 提供更方便、更简单的访问数据库方法，非常有利于数据库驱动的 Web 应用程序开发。

该平台基于开放型项目学习理念，通过将课内教学与第二课堂教学有机结合，实现了以学生为主体，教师主要在方向性和关键性的环节进行指导的总体思想。平台注重对学生计算机应用能力、思维能力、设计能力、创新能力和科研能力等的培养，取得了较理想的成果。

1.4 开放型项目教学的过程管理探索[1][2][3][4]

1.4.1 教学过程化管理系统的设计理念与设计思想

在开放型项目教学的过程中,课题组发现学生在自主完成大学生课外创新项目的过程中,往往会出现项目计划不明确,关键技术无法实现,项目进程管理困难,项目延期结题,学生重视申报立项、轻视项目完成等诸多亟待解决的问题。

开放型项目教学中,学生项目是由学生自主管理完成科研目标和任务的,指导教师一般起指导帮助作用。项目期限较长,项目中间环节计划任务难以达标,关键技术攻克难,缺少阶段性量化成果,部分学生侧重立项,不及时完成项目,等到项目要验收时临时抱佛脚,项目完成质量和技术含量堪忧。为了解决这样的问题,各高校往往在项目进程中采取如项目中期检查等手段,来督促检查项目的进程情况,但是单凭中期检查的形式根本不能有效解决项目管理过程中遇到的困难。如何解决项目过程中出现的问题,如何提高项目管理的效果,课题组设计利用"互联网+"的理念,辅以计算机辅助教育的相关技术,实施过程化管理。为了及时检查与控制项目研究与设计进度、提高项目的质量,课题组提出了设计一个大学生科技项目过程化管理系统的想法。

过程化项目管理是通过对项目的阶段性观测点(项目计划任务)的验收,来监督和管理学生项目进展情况。从项目的申报开始,按照项目制定计划任务,确定阶段性观测指标,通过过程化的项目管理,取得了一定的成效,过程化管理能及时了解学生完成项目的进度的质量,实时进行过程评价、反馈。

教师通过过程化控制管理,把握整个项目教学过程中的每一个基本要求,有效解决学生在项目实施过程中项目进度慢、实现技术难、团队协作差等问题,增强学生的创新能力和培养创新意识,循序渐进地引导和督促学生完成整个项目。

---

[1] 陈璇,胡晓峰,汪锴,胡昊,岑岗. 大学生科技创新项目过程化管理系统设计[J]. 浙江科技学院学报,2016,28(3):205-210.
[2] 岑岗,林雪芬,方益. 工程应用型人才培养模式改革探索[J]. 浙江科技学院学报,2016,28(2):135-139.
[3] 田林琳,李莹. 软件项目管理项目教学过程研究[J]. 信息技术,2016,(13):186.
[4] 陈云虹,谢百治,傅纲善. 网络教学中有关监控体系的基本构想[J]. 中国电化教育,2003,(8):68-70.

1.4.2 教学过程化管理系统的数据模型设计

根据项目阶段性计划任务要求,对项目过程化管理监控系统进行分析,构建一个与系统功能相应的数据模型,主要分为初始数据设定、过程数据采集、数据处理、可视化分析等。利用互联网传播速度快、跨地域性强、覆盖层面广、可延展性强等特性,解决管理过程中遇到的师生交流难、信息共享差、管理体系不完善、验收过程繁琐、完成质量程度等难题,加快项目开发进程,提高项目完成质量。

整个管理系统的信息数据流程由三部分组成:第一部分是根据申报书计划要求阶段性计划任务"项目过程初始数据的设定与更改";第二部分是项目执行过程中完成情况的"项目过程监控与数据采集";第三部分是数据分析与评价项目完成的质量"运行过程的数据分析与评价"并进行公布完成情况及给予激励或警告。图1-3为项目进程过程化管理系统的数据模型。

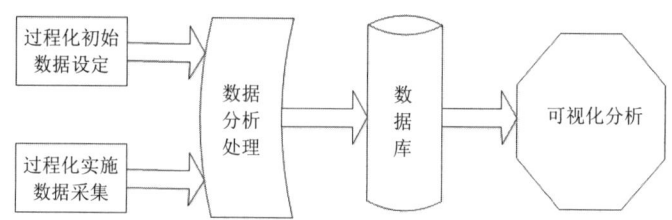

图 1-3 项目进程过程化管理系统的数据模型

1.4.3 系统结构设计

项目过程化管理系统包括项目管理子系统和项目进程子系统两大部分,其中项目管理子系统主要管理系统中全部的项目,从整体上监管项目教学。

(1)项目管理子系统。

项目管理子系统是整体、全面地管理分析教学过程中各个项目的完成质量,监督项目的进度安排,将数据库中采集、处理的信息通过可视化分析手段呈现,管理者可以宏观地了解项目的整体完成情况,分析项目教学带来的成果和存在的问题,再通过项目进程子系统对单个项目进行分析,解决项目实践过程中遇到的困难。如图1-4所示。

通过由单个项目到整体教学的直观分析,有效解决现在众多高校学生课外项目实践教学过程中的弊端与缺陷,通过整体教学的分析,可以调整教学任务及进度,提高教学水平。

项目管理子系统主要由成员管理、项目信息采集与处理、信息反馈三个功能模块组成。主要通过项目成员管理来展开项目实践教学,团队的自由组建和指导教师的选择关系到项目的具体分工和可行性，良好的团队协作可以使项目进程加快、完成质量提高、项目成果扩大等；系统通过信息采集与处理模块对每一个项目进行数据的采集、处理、分析，起到监督检查项目落实情况的作用；对信息处理分析后，通过信息反馈模块提醒与警告项目进度落后的团队，鼓励阶段性项目计划完成质量较好的团队，提高学生对项目的自主管理能力。

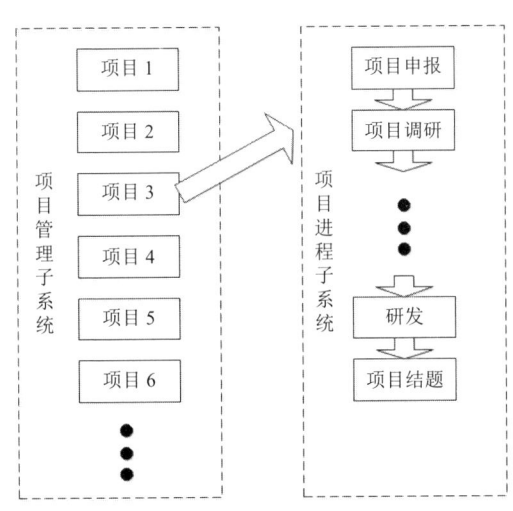

图 1-4　项目管理子系统

（2）项目进程子系统。

项目进程子系统主要由项目申报模块、阶段性管理模块、结题申请模块三部分组成。其核心模块是阶段性管理模块，系统通过对项目申报中的计划任务信息的采集与处理，将项目划分为几个阶段，通过项目计划任务各个阶段的观测点完成情况，予以系统判断和人为判断完成质量，给予信息反馈。其中系统判断主要判断是否递交相关成果数据，人为判断则主要由指导教师判断项目完成情况，并予以阶段性指导。

过程化管理是依据科学的教学理论指导，为管理学生课外自主实践教学而展开的管理工作，旨在监督、督促、培养学生自主完成项目实践教学活动，培养和提高学生对项目的管理能力和研发能力。具体流程如图 1-5 所示。

1）项目成员的组成。

在过程化管理中，项目的组成和团队的组建是项目初期至关重要的一部分，直接关系到项目具体落实情况以及项目完成能力和完成质量。一个学生课题项目可以由多个学生及指导教师进行讨论，拟定项目主题后展开课外实践活动，也可以由单个学生提出并确定项目主题，再寻找组建合适的项目组成员及指导教师一同完成项目。

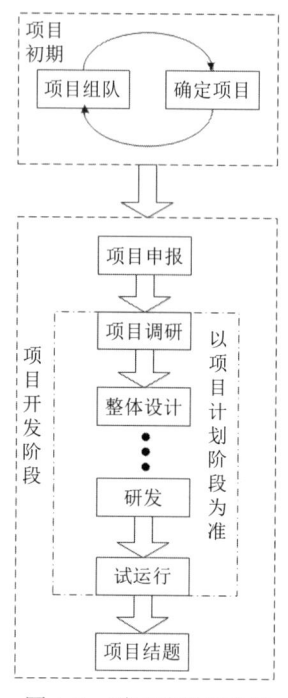

图 1-5 项目进程子系统

通过自主选择项目实践内容、项目实践伙伴，自主选择项目指导教师。灵活多变的项目实践形式，使得项目实践的教学活动能够灵活、高效地进行。

在平时的课外学习过程中，由具有相同兴趣的同学组成相关的课外科技创新活动团队，通过学习交流，集思广益，产生项目研究课题，并进行项目申报工作。这种由团队共同拟定的项目课题，从团队已有能力和经验确定相对可行的实践内容，项目可行性强，确保项目能够顺利完成的优势。

当然，在课外实践过程中，单个学生对某个项目比较感兴趣，提出相应的项目实践内容，再通过项目需求，寻找合作伙伴，完成整个项目计划，也是一种常见的形式，这种通过项目需求选择项目成员，使得各成员间分工明确，具有项目进展效率高的优势。

2) 项目计划任务的确定。

在完成项目内容确定，团队组建之后，必须要对整个项目作出计划安排，团队必须按照项目计划任务展开项目实践。在项目组确定计划任务后，由系统的信息采集模块进行对项目信息的采集、录入、分类、可视化分析，最终展示到项目任务中，团队按计划阶段性完成项目任务，系统通过阶段性考核对项目过程化管理。

3）项目管理的实施过程。

- 阶段性考核的标准。

不同项目所要完成的指标不一，项目任务进程参差不齐，所以系统的考核指标是以项目申报书中的计划任务和阶段性成果为考核指标，根据项目拟定的任务完成时间和阶段性成果为依据，利用互联网技术、科学的教学管理手段、高精度的信息识别分析、高效的评价反馈机制，对大学生课外自主实践起到了良好的管理作用。

- 项目研发过程的管理。

根据不同项目类型研发项目计划，分类采集各阶段研发信息。例如有以下软件开发项目，其项目计划任务目标有：

第一阶段：2015 年 8～9 月，项目调研与系统可行性分析；

第二阶段：2015 年 10～12 月，整体系统设计，包括界面设计、数据库设计等；

第三阶段：2016 年 1～3 月，平台的开发及性能测试；

第四阶段：2016 年 4～6 月，项目试运行，收集并修正问题；

第五阶段：2016 年 7～9 月，撰写科研论文并发表，撰写结题报告，准备验收。

通过以上任务目标，系统通过信息采集模块、分类、可视化处理，为项目制定阶段性任务如下：

2015 年 9 月前：调研报告，可行性分析报告。

2015 年 12 月前：系统界面设计报告，数据库设计报告。

2016 年 3 月前：系统开发文档。

2016 年 6 月前：系统试运行分析报告。

2016 年 9 月前：论文证明，结题报告。

调研报告：项目组在调研阶段收集调研信息，对调研收集信息进行处理，汇总成调研表，上传调研分析报告。

可行性分析报告：分析调研数据，对项目的可行性作出相应的分析报告并上传。

系统设计报告：在调研基础上进行系统设计，包括界面的设计、数据库的设计等并上传，在组内可以下载讨论修改，最终确定系统设计方案。

系统开发文档：进行系统开发，项目组成员进行分工，分别进行各模块的设计及功能实现，撰写系统开发报告并上传。

系统试运行分析报告：进行系统模块与整体调试，并分析调试结果，处理相关功能错误和逻辑错误，完善系统，总结系统运行情况并撰写运行报告。

结题报告：根据项目计划任务上传研发系统及相关成果证明，如专利、获奖证书、论文等，最后上传项目结题报告。

系统采用阶段性过程化的管理手段，对如上五个阶段性计划任务都采取阶段性验收的方式。在项目组完成第一阶段的调研报告，可行性分析报告后，系统通过信息的采集、教师的审核，阶段性的评价反馈，并提醒项目组完成第二阶段的任务，来控制项目的进程。如项目未能在计划时间内完成该阶段的任务，系统将对其进行警告，督促学生加快项目进度，指导教师参与合理安排项目分工，指导关键技术实现，提高项目完成质量。

1.4.4 过程化管理系统的平台实现

过程化管理系统采用面向对象的程序设计方法，采用软件工程的开发模式，设计完成项目过程化管理系统平台。该系统所采用的网络服务器操作系统是 Windows Server 2003，数据库选用 SQL Server，Web 应用服务器选择 Microsoft IIS，编程采用 ASP.NET 技术开发。利用其高内聚低耦合的特点，加强模块内的联系，内部各个元素彼此紧密地结合，减轻模块间的复杂程度，包括模块间接口的复杂性、调用的方式及传递的信息。如图 1-6 所示为某个学生的项目进程管理界面。主要实现学生用户对自己项目的管理，界面中的信息可以有效地显示该学生具体参加哪些科技创新项目，单个项目具体进度安排情况的完成情况，查看到具体时间段内由团队哪位成员完成了项目计划任务的哪个指标，现阶段团队应该进行哪个项目计划任务等。课题组通过过程化管理平台的实践，实现了学生项目的过程化监督、检查和管理等工作。

图 1-6　项目管理子系统界面

1.4.5 过程化管理系统特点及作用

过程化管理系统具有针对性、实践性、同步性、推广性等特点。

（1）针对性。

过程化管理系统针对科研项目的进程管理，对于平台内容和使用对象有很强的针对性，主要供实施项目的学生和管理项目的教师使用，更加专业和高效。

（2）实践性。

过程化管理平台对于项目的进程进行分阶段管理，使得项目更加具有可操作性。学生通过平台能更加切实地体验和实施项目，教师通过平台则能够对项目进度和完成情况一目了然，让科研项目变得具体可控。

（3）同步性。

由于管理系统借助互联网实现，能够把信息同步化。用户在线上和线下可以无缝衔接，保证项目信息的实时性和准确性，有助于提升项目完成质量。

（4）推广性。

在项目过程信息化管理系统设计中，通过模块化开发可以推广到其他学生自主设计项目或教师横向课题研发中。

设计基于"互联网+管理"理念，以大学生科技创新项目过程管理为主要目标，借助于计算机辅助教育管理技术，设计学生课外自主项目实践教学过程化管理系统，完成了系统规划和方案实施，对推动大学科技创新项目的完成和质量的提高、完善高校对学生项目教学的管理工作均具有较好的直接应用性。

过程化管理系统是辅助项目教学管理的平台，主要实现教学过程中教学监管的作用。大学生科技创新项目在确定了项目的设计研究内容和组建项目团队后，提出了研究的进程计划、各阶段所要完成任务目标任务和时间期限。通过阶段性观测点的验收，达标了才能进入下一阶段的计划安排，未达标则必须再次完善，做好项目的自我管理，增强学生自主管理能力和责任感。

1.5 开放型项目教学的特点与意义[1][2]

1.5.1 开放型项目教学的特点

开放型项目教学使教师的教与学生的学都围绕着一个目标，在任务驱动下，

---

[1] 岑岗. 开放型项目教学促进应用能力培养的研究与探索[C]. 应用型人才培养的理论与实践—首届中德论坛（杭州）文集. 北京：高等教育出版社，2008.9：453-460.

[2] 岑岗，陈洁. 开放型项目教学提高计算机应用能力的实践[C]. 全国高校计算机基础教育研究会 2008 年学术年会论文集. 北京：清华大学出版社，2008.11：224-229.

通过对学习资源的主动运用，进行自主探索和协作学习，并在完成既定任务的同时产生新任务。在开放型项目教学过程中，以学生为中心，教师起组织、引导、激励、促进作用。学生能通过完成大学生科技创新项目，将课堂所学课外致用，以提高自己各方面能力。主要有以下特点：

（1）学习方式方法的转变。

项目教学的一个特点是学生不再以个体为单位进行学习，而是以小组为单位进行协作学习与合作学习。小组协作学习模式的研究将有利于项目教学的开展。小组学习和个体学习相比有其自身的特点和优势，在建立学习小组（项目团队）、组内进行合理分工以及学习过程中，都能锻炼学生协调、管理及合作等能力，同时也能提高学习效率。

（2）学习角色的转变。

传统教学中以教师为中心，学生以被动接受知识为主，而项目教学则建立在建构主义的基础上，通过参与项目的开发，解决实际问题来完成学习的过程。在这一新教学模式中，需要我们重新定位教师的地位，以更好地发挥教师的作用。

（3）管理模式的转变。

强调过程化的学习管理。开放型项目教学主要在第二课堂进行，因此与课堂教学相比，难于组织和管理。如何通过一些方法和手段对项目学习小组进行管理，对学习进程进行监控，对学习效果进行评价，则需要通过实践来进行探索和研究，形成一套有效的管理机制和方法。开放型项目教学能培养学生相互间的协作精神和创新能力，丰富学生的知识内涵，提高学生的科技创新能力；能帮助学生确定学习进程，开展科技创新活动，进行职业生涯设计。

（4）充分的自主性的学习。

主要体现五个自主选择上，即自主选择项目、自主选择伙伴、自主选择导师、自主选择时间、自主选择环境。

- **自主选择项目**：开放型项目教学的项目内容并非针对单一课程或者单一专业，往往涉及某一专业的多门课程，甚至综合了多个学科的知识。项目内容的设计并非由教师单独完成，而是包含了学生的主动参与，甚至由学生来担任项目内容的主要设计者。
- **自主选择伙伴**：开放型项目教学并非在某个具体的班级展开，不同的年级、不同的专业甚至不同学校的学生都可以组成一个项目团队，更能体现学科交叉性，提高学习效果。
- **自主选择导师**：一个项目团队也可以由具有不同学科背景的多个教师共同指导。
- **自主选择时间**：开放型项目教学并非从属于具体的课程教学，因此在时间上与教学培养计划并无特定关联。学生可以根据自身情况自主选择项目的起止时间，一个项目可以在一个学期内完成，也可能跨越多个学期。

- **自主选择环境**：学生可根据实际情况，选择团体协作的方式方法、创新创作的环境等。课题组提供了良好的实验环境供选择，学生可以选择在学校内完成项目，也可以通过网络协作的方式完成项目。

（5）形成性的评价。

一般的课程教学均以学生的成绩为主要评价结果，而在开放型项目教学中，最终的评价则是自我评价，开放型项目教学是一个实现自我价值的过程。例如，学生完成的作品参加了多媒体竞赛并获得优异的成绩，这是学生对自我的一种肯定，并且是专业技能的一种提升。因此，其最终的评价可以是一个完整的作品，也可以是用该作品参加各级多媒体竞赛的成绩，还可以是科技立项的支持等。

1.5.2 开放型项目教学的意义

长期以来，我国大学具有教学、科研和社会服务三大任务。现今的社会背景和本科教育机制下，必须有一种有效的教学手段加以引导才能展示出应用型本科教育的独特优势。通过以传授知识的教学、以发现知识为主的科研和以社会发展与进步相联系的实践，全面支撑起新时代创新人才培养的平台。高层次应用型本科人才培养应该定位在这一层次，将发现知识和传授知识紧密地联系起来。开放型项目教学作为培养高层次应用型人才的重要方式之一，可以作为连接理论学习和实践操作的桥梁。让课程教学与科研项目相结合，课内教学与第二课堂教学、学科竞赛相结合，这是一条培养高级应用型人才的有效途径，而这正是开放型项目教学模式的出发点。

（1）开放型项目教学的理论价值。

实践教学的身影在各高校随处可见，但却极少见到这些实践教学活动被提升到理论层次进行讨论，基础理论支撑、概念定义、内涵及实践操作的复用性等都有待进一步提高。笔者针对实践中出现的各种问题，因地自宜地提出开放型实践教学，对其特性、内涵、组织形式、操作步骤等进行理论层次的探讨，并为其推广和应用开展铺垫。

（2）开放型项目教学的实际应用价值。

笔者将教学计划内的实践教学活动拓展到课堂以外，为学生构建一个良好的自主学习的工程实践环境，它不是简单的关注学生的实践活动，而是整个设计、实现、成果的产品化流程，所有的工程活动都作为工程教育的环境。这是一个立足于实际问题解决的研究课题,将为高层次应用型人才的科学素质和工程能力的提高提供一个可供借鉴和推广的模式。

1.6 开放型项目教学活动的实践[1][2][3]

1.6.1 开放型项目教学的实践起源

开放型项目教学最早源于 2003 年浙江科技学院提出的本科生导师制。根据教育技术学专业自身的特点,在学生入校时,针对性地开展导师制,即在双向选择的基础上每位老师(特别是具有高级职称和专业特长的老师)指导一些学生,并进行双向选择。在第二课堂中进行开放型项目教学探索与实践。在学习和借鉴德国 FH 实践教学模式的基础上,课题组从计算机基础公共教学入手,在加强计算机应用能力方面进行了项目教学的实践。经过几年的探索,2005 年开始在教育技术学专业中开展"开放型项目教学",理论上将项目教学从课堂内拓展到课堂外,到第二课堂。在第二课堂中,利用课余时间,结合专业的特点,学生自由选择时间、地点进行学习。学生可以自主选择确定项目。通过完成所选择的项目任务,来达到提高学生应用能力的目的。

在计算机应用基础教学能力培养中,开放型项目教学实践中的项目来源与选择是一个重要的问题,课题组让学生结合专业特点和计算机应用基础教学的方面,主要引导学生在网站建设、教学课件设计、动画制作和 DV 片制作方面进行选题。并将所做的项目作品成果参加浙江省大学生多媒体作品设计比赛等学科竞赛。让学生有项目成果成就感,促进其能力的培养。

开放型项目教学的受益面随着公共课程的开设已普及到全校,包括浙江科技学院信息学院、理学院及接受此类公选课的学院。随着开放型项目教学的不断深入,开放型项目教学也不限于计算机基础应用教学。学生可以选择平常学习中的一些小思考、小探索,也可以是生活中的一些小问题,以这些为目标制订任务,在完成任务的过程中提高计算机应用能力。这不但激发了学生的学习兴趣,培养学生善于发现问题、解决问题和综合应用知识的能力,也增强了学生的创新意识,提高了学生的科研和合作能力。

---

[1] 岑岗,林雪芬.开放型项目教学的研究与实践[J].浙江科技学院学报,2010,22(5):375-380.
[2] 陈洁,岑岗.开放型项目学习促进计算机应用能力培养的探索[J].计算机时代,2007,(8):9-11.
[3] 岑岗,陈洁.开放型项目教学提高计算机应用能力的实践[C].全国高校计算机基础教育研究会 2008 年学术年会论文集.北京:清华大学出版社,2008.11:224-229.

1.6.2 开放型项目教学活动的教学研究成效

开放型项目教学模式的研究得到了浙江省新世纪高等教育教学改革项目和中国高等教育学会"十一五"教育科学研究规划课题的立项资助。"开放型项目教学研究与实践"教学成果获第六届浙江省高等教育教学成果二等奖。

课题组通过各种沟通平台,使该研究成果在国内产生了一定的影响。撰写并正式发表了《开放型项目教学的研究与实践》《开放型项目教学的活动形式研究》等9篇论文,其中被EI、ISTP收录2篇,获优秀论文一等奖1篇、二等奖1篇。具体有以下研究成果:

(1)在国内多个学术会议上进行大会报告与交流并引起关注,获得好评。例如,在华东高校计算机教育研究会2007年学术年会上引起关注与好评,在会议总结时提到浙江科技学院"开放型项目教学"经验在华东乃至全国是一个成功案例。

(2)在其他高校中进行了应用,有关项目教学的几篇论文被引用近300次。

(3)研究论文获学术会议优秀论文一、二等奖,并且部分或被 EI、ISTP 收录。例如,《开放型项目教学提高计算机应用能力的实践》获全国高校计算机基础教育研究会2008年学术年会4篇优秀论文一等奖之一,论文 "A Study of Inter-school Open-ended Project Instruction" 和 "Improving Computer Application Ability with Open-ended Project Teaching Method" 被 EI 和 ISTP 检索。

1.6.3 开放型项目教学活动的学生实践成效

学生结合专业参加开放型项目教学的实践,在应用实践能力方面有很大的提高,从学生的科技创新项目和省市级获奖中就可见一斑,取得了良好的效果。学生的应用能力、设计能力、创新能力、科研能力、合作能力和就业竞争力都得到了显著提高。在2007届至2009届教育技术学专业的138位学生抽样调查中,学生申请科技创新项目或参加教师研究项目的积极性很高,项目立项数在学校中所占比例较高。学生主持的由浙江省科技厅、教育厅和团省委为大学生设立的"新苗培养计划"项目6项,学校科技创新项目46项,学生参与开放型项目教学约占2/3。此外,学生还参加近10项教师的科研与教研项目,参加省大学生多媒体设计竞赛等。学生在浙江省级大学生多媒体设计竞赛等学科竞赛中获奖29项,其中一等奖6项。学生正式发表论文23篇,其中被ISTP收录4篇,荣获一级学会优秀论文一等奖2篇、二等奖和优秀奖各1篇。开放型项目教学促进了学风建设,在2007届至2009级教育技术学专业的10个班中,共产生2个校特优学风示范班、3个校特优学风班,1个优良学风班,2个优良学风寝室，1位校年度人物，2位国家奖学金获得者。这些成果也提高了学生的就业竞争力，2007届、2008届和2009届的一次性就业率分别达到90%、100%和100%。

1.7 小结

开放型项目教学是"四步曲"的前身，是课题组在探索工程教育环境下应用型人才培养模式的一种尝试。该思路得到了省新世纪、厅局级等课题的支持，同时也受到了学生的广泛欢迎。在实施开放型项目教学实践过程中，课题组积累了丰富的实践经验，培养了一批批优秀的学生，为该课题进行深层次的理论研究和实践研究打下了扎实的基础。本章节主要介绍了项目教学的概念、开放型项目教学的由来、模式、框架、实施、项目及团队的选择、过程管理的思想及平台建设等。

第 2 章　开放型项目教学活动的研究

2.1　开放型项目教学活动质的研究[1][2][3][4][5][6]

2.1.1　关于质的研究方法

质的研究（qualitative research）指以研究者本人作为研究工具，在自然的情景下采用多种收集资料的方法对社会现象进行整体性探究，使用归纳法分析资料和形成理论，通过与研究对象互动对其行为和意义建构获得解释性的一种活动。质的研究与传统的定性研究有共同之处，都是"解释性"的。但它们之间亦有很明显的不同之处，即质的研究要求研究者亲自进入实地开展实证研究，在对研究现象进行解释时提供自己的一手资料。质的研究也赞同并且应用以前的相关理论和研究结论，但来自于当事人"主位的"视角和"本土概念"是必不可少的资料和证据来源。因此，质的研究被广泛地应用到一些行动研究中，它不仅可以应用于一般的社会科学领域的定性研究，还可以规避传统研究的弊端，用实证及数据的方式给予支撑。

2.1.2　研究对象的确定

课题组选择了浙江科技学院 2007 届至 2009 届教育技术学专业的 138 位学生为主要研究对象。该专业的教师与学生的积极性较高，踊跃参与"开放型项目学习研究"等省部厅级、中国高教学会教学研究等项目。经过多年来的理论研究与实践探索，积累了宝贵的科研经验，取得了一定的教学效果与研究成果。作为研究对象，学生积极配合，项目负责人及主要成员对学生的情况及学生参加项目学习的情况比较了解。

---

[1] 岑岗, 林雪芬. 开放型项目学习的活动形式研究. 浙江科技学院学报, 2008, (2): 129-132.
[2] 谢幼如, 尹睿. 基于网络的协作学习活动形式的质的研究[J]. 中国电化教育, 2006, (1): 13-16.
[3] 陈向明. 从"范式"的视角看质的研究之定位[J]. 教育研究, 2008, (5): 30-35.
[4] 白芸. 质的研究指导[M]. 北京：教育科学出版社, 2003.
[5] 马云鹏, 林智中. 质的研究方法及其在教育研究中的应用[J]. 中国教育学刊, 1999, (2): 59-62.
[6] 李克东. 教育技术学研究方法[M]. 北京：北京师范大学出版社, 2003.

2.1.3 研究方法的确定

课题组对教育技术学专业学生比较了解,又长期负责教学与教学管理,能够很好地融入到学生集体中。因此,在自然的教学情境下,直接投入到以 2007 届至 2009 届为主的教育技术学专业班级的教学活动中,综合运用访谈、观察和成果分析(作品分析)等方法,了解在项目学习活动中教师的行为、学生的行为、应用方式以及活动的操作流程等问题。

(1)访谈法。

访谈是一种研究性交谈,就是由研究者一方通过引导来收集被研究者一方的语言资料,以了解研究对象的内心世界和现实生活,从而达到研究的目的。该课题访谈的对象是浙江科技学院教育技术学专业课外项目学习指导的教师,其中有部分是本项目研究组的成员,积累了一定的开放型项目教学的经验。

(2)观察法。

观察就是人们在自然发生的条件下对周围存在事物的现象和过程的一种有目的、有意识的感性认识活动。观察法主要用于收集研究对象的动作、行为、表情等外显情况。本次研究采用参与式观察的形式对学生进行观察,了解学生开展学习活动的形式,包括项目的选择、项目学习环境、学生之间的团队合作、协作学习等方面。

(3)成果(作品)分析法。

成果分析法是指在开放型项目学习活动后,对学生的成果进行分析,从而获得资料的方法。这方面的资料比较丰富,包括所有与研究问题有关的文字、图片、作品等,主要是学生制作或是经过学生加工的作品。分析的对象主要是教育技术学专业教师指导项目学习的目标成果。

2.1.4 教学活动质的研究实施过程

课题组 2004 年初开始尝试让学生参与课堂外开放型项目学习,结合当时学校的本科生导师制,先从自己指导的学生中选择部分学生参与项目。在指导的过程中,不断地进行引导和交流,使学生对某些问题感兴趣,并将这些问题设计成一些可研究和设计的小项目,让学生完成这些项目以达到学习的目的。经过个别尝试并取得一定效果后,课题组于 2004 年下半年开始推广实践。首先,将个别同学的收获与成果通过各种渠道向学生发布,让同学们以此为榜样,调动学生自主学习的积极性;然后让一部分学生根据专业方向设计相应的项目,经讨论后,在指导教师的帮助下确定项目选题。同时,课题组动员了一些教师参与到这一研究示范中,并取得了良好的效果。教师也有意识地把自己的研究项目分解，让学生参与部分研究、设计等工作。

2.1.5 教学活动质的研究结果

（1）指导教师对开放型项目教学活动的认识。

运用访谈法，课题组对参与开放型项目学习的指导教师进行交谈，了解他们对开放型项目学习活动的看法。主要提出以下几个问题：

- 您会经常组织和关心学生参加开放型项目学习吗？
- 您通常是如何组织开放型项目学习活动的？
- 您认为开放型项目学习与课堂内传统项目学习相比有什么不同？
- 您觉得学生愿意参加开放型项目学习活动吗？他们的参与性如何？
- 在组织开放型项目学习活动中，您通常会做些什么？
- 您在组织和指导学生参加开放型项目学习中，遇到了哪些困难？
- 大学生科技竞赛对开放型项目学习是否有促进作用？能举例说说吗？
- 您是怎样帮助和指导学生参与项目立项的？

1）在对开放型项目教学作用的看法方面。在组织开放型项目学习活动时，教师明显感觉学生自主学习的积极性提高了，学生的思维能力、设计能力、创新能力、科研能力、合作能力等都得到了不同程度的锻炼。同时，教师在开放型项目学习活动中也受益匪浅。首先，在引导学生的过程中，不断地完善自己的想法，并对所选课题有一个全新的认识；第二，能适当、合理地运用学校的资源，集中相关人员完成课题；第三，改善师生关系，烘托融洽的班级氛围。

2）在对开放型项目学习活动环境的看法方面。项目教学活动的开展对学生有很大的帮助，但大部分教师认为开放型项目学习在实施过程中存在着一定的限制，主要是实践环境方面，如创作场地、设备仪器、网络交流的工具、作品展示的空间等。

（2）学生参加开放型项目教学活动的行为。

项目教学活动的形式比较多。选题前，一般以头脑风暴法进行，即让每个小组围绕某个问题交流讨论，说出自己的看法，最后将选题缩小到一个可以实现的具体方面。每个项目小组之间也可以进行交流，教师组织同学针对选题进行讨论评价，还可以将讨论评价的意见发布在项目研究管理网上。另外，学生一般以小组的形式开展学习，人数不超过 3 个。

经过这些活动形式，取得了一定的成果。学生自主选择的项目，大部分都在学校的学生科技创新项目中立项，部分同学借助这些项目参加大学生学科竞赛，还有部分学生选择参加教师的科研项目，或为教师的科研项目设计系统开发等，都在不同程度上得到了锻炼和提高。

1）在学生参与开放型项目教学活动的行为方面。在开放型项目教学活动的过程中，学生的参加行为主要表现在：第一，自主的设计选择项目；第二，围绕项目选题进行讨论；第三，利用已经掌握的知识完成项目任务；第四，选择项目的合作者进行合作与分工；第五，对项目成果进行评价。

2）学生与师生之间的交流行为方面。开放型项目学习的过程中，学生主要通过以下几种方式与指导教师和其他学生进行交流：一是学生间、教师和学生之间，就项目主题内容、完成目标进行讨论与交流；二是选择合作伙伴和指导教师；三是学习资料共享交流；四是成果总结、评价、体会的交流；五是对项目成果进行评价。

（3）指导教师参加项目教学活动的行为。

1）教师帮助确定项目选题与内容、目标的设计。第一，引导学生设计项目内容。教师在课堂教学及平时指导中，有意识地观察学生的兴趣，从中引导学生进一步了解、研究或运用储备的知识解决这些问题。例如，在毕业设计选题时用常规的选题方法出现了师生交流不便的情况，教师就可以引导学生设计毕业设计选题交流与管理系统；在学习计算机辅助教学课程后，结合所学知识，学生可以独立设计开发网络课程等。第二，为某主题设计学习内容。以省高校大学生学科竞赛为依托，学生根据自己的兴趣爱好，有选择性地制作、设计开发项目。第三，组织学生选择参加教师的研究项目。教师将自己的科研项目分解成相应的小课题，让学生参加部分工作。

2）在帮助组织项目组成员的组成方面。学生在选择项目组成员的时候往往比较盲目，在某些情况下，需要指导教师给予合理的建议和调整，从而帮助项目组成员扮演不同的角色。

3）在组织互评成果与作品方面。组织项目组成员评价已有的项目成果、设计作品，从而促进各成员在理论与技术上的不断提高与改进。

4）在其他形式方面。在学生选择项目学习内容时，教师要根据自己的专长进行分析，判断是否能进行指导。不能接受与自己专长有一定距离的项目学习作指导任务，也不能将自己的想法强行加给学生。而是提出意见，并在条件允许的情况下，为学生提供资料、交流空间以及学习环境等。

（4）开放型项目教学活动的基本特征。

从课题组对访谈、观察和成果分析等资料中进行分析。从中取出以下18个概念：交流、讨论、发言、问题、任务、设计、制作、作品、工具、资源、成果、展示、评价、汇报、答辩、扮演、角色、伙伴。分析后可以归纳为：问题讨论、设计创新、资源搜集、项目评价和角色扮演等活动。每一种形式的活动都有不同的特点，项目教学形式也起着不同的支持作用。

- 问题讨论。交流、讨论、发言、问题四个概念属于描述学生利用项目学习进行问题讨论的教学活动。以"问题"为驱动，利用现代化教育技术手段（如论坛、留言板、合作讨论组等），达到确定选题的意图。要求：提供技术支持和环境创设。
- 设计创新。任务、设计、制作、作品等四个概念属于描述学生利用参加开放型项目学习进行设计创新的教学活动。以项目学习任务为目标，进行项目（产品或系统）设计，如多媒体设计作品等为活动的最终成果。要求提供作品设计创作的工具，如：Word、PowerPoint 等。
- 资源搜集。工具、资源等概念属于学生利用各种工具进行资源搜集的活动。学生根据项目任务，利用相关工具搜集专题资源，并进行加工、整理。要求：提供资源搜索工具和大量丰富的与学习专题相关的资源。
- 项目评价。成果、展示、评价等概念属于学生利用评价工具进行成果评价的活动。例如，根据项目目标和要求对多媒体设计作品进行点评。要求：提供在线投票系统和协商交流的网络通讯工具（如论坛、留言板等）。
- 角色扮演。以学生自主选择为主，教师帮助为辅。学生参与和学习专题相关的情境，通过扮演不同的角色，体验学习的内容。要求：提供协作交流的环境。

综上所述，开放型项目学习活动形式主要有项目确定、问题讨论、作品设计、资源搜集、作品评价、角色扮演六种基本特征。其作用体现在项目任务与目标的自主性，讨论交流形式的多样性、作品成果的互评性、合作伙伴的选择性，学习形式的协作与多样性，学习资源的共享性。这对于在实际教学过程中，指导教师开展项目学习的设计具有较强的针对性和规范性。

2.2 开放型项目教学活动量的研究[1][2][3]

2.2.1 关于量的研究方法

量的研究指通过实验、调查、测验、结构观察以及已有的数量化资料，对教育现象进行客观研究，并将所得结果作相应的统计推断，使研究结果具有普遍适应性的一种活动。质的研究和量的研究是教育研究领域中两种不同的价值取向。前者代表研究者以整体、深入为原则的研究方式和思维模式，其理论基

---

[1] 孙晓勇，岑岗．开放型项目教学中量的研究．第七届教育技术国际论坛（ETIF2008）论文集：挑战、机遇与发展：应用教育技术促进教育创新．济南：山东人民出版社，2008.9：55-58．
[2] 胡中锋，黎雪琼．论教育研究中质的研究与量的研究的整合[J]．华南师范大学学报，2006，（6）：94-100．
[3] 陈波．社会科学方法论[M]．北京：中国人民大学出版社，1989．

础是建立在解释学、现象学和建构主义理论等人文方法论的基础上;而后者则代表着以客观、精确为原则的研究方式和思维模式。

2.2.2 研究对象的确定

同样,课题组选择了浙江科技学院 2007 届至 2009 届教育技术学专业共 138 名学生为主要研究对象。学生们积极参与项目教学,申报学生科技创新项目,获得立项的有 50 项,其中省级项目 6 项,参加申报的学生 90 余人。学生自选题目参与浙江省大学生多媒体设计竞赛,获奖 13 项。同时以项目为基础,学生撰写并正式发表论文 15 篇,其中 ISTP 收录 4 篇。由此可见,开放型项目教学在 2007 届至 2009 届教育技术学专业学生在校期间已经得到了较为广泛的开展,并且取得了一定的成果。

2.2.3 研究方法的确定

量的研究就是对事物量的方面的分析和研究。事物的量就是事物存在和发展的规模、速度、程度,以及构成事物的共同成分在空间上的排列等可以用数量表示的规定性。量的研究的目的在于把握事物量的规定性,即通过具体的数学统计、运算和定量分析,揭示研究对象的数量关系,掌握研究对象的数量特征和数量变化,从量的关系上发现教育活动的本质联系及其发展变化的内在规律。

量的研究常用的方法主要有问卷法、统计分析法、结构性访谈法、实验法、准实验法、认知和非认知测量等。课题组主要采用了问卷调查法,并进行了个别访谈。

课题组对教育技术学专业 2007 届至 2009 届 138 名专业学生进行了问卷调查,其中 2007 届 58 人,2008 届 53 人,2009 届 27 人。在这 138 名学生中,有 93 人参与过项目,45 人未参与过项目。

结合量的研究方法对调查表进行设计,问卷主要包括以下几方面内容:

(1) 参加开放型项目教学同学的基本情况,如专业班级、姓名等。

(2) 参加开放型项目教学前的情况,如软件的掌握,自学能力、创新能力、团队合作精神、组织能力情况。

(3) 参加开放型项目教学过程中的一些情况,如项目来源情况、指导教师情况、学生参与角色情况等。

(4) 参加开放型项目教学后的效果,如学会了什么软件、哪些能力得到提高等。

2.2.4 量的研究结果

课题组采用统计分析法,对调查问卷中所获得的数据进行整理、计算和分析。经过对比分析,看出参与过开放型项目教学的学生相比于未参与过开放型项目教学的学生能力普遍较高,学生参与后较参与前自身能力提高较多,其中自学能力、创新能力和组织能力有所提高,且在团队合作精神及对未来的就业态度方面也有明显的提高。

为了使对比更明显易懂,给A、B、C、D四个选项设置权重,A(差)为1,B(一般)为2,C(好)为3,D(非常好)为4。而不同的权值与能力的高低对应,能力越高则权值越大,再与百分数相乘后相加,形成如图2-1和图2-2所示对比图。

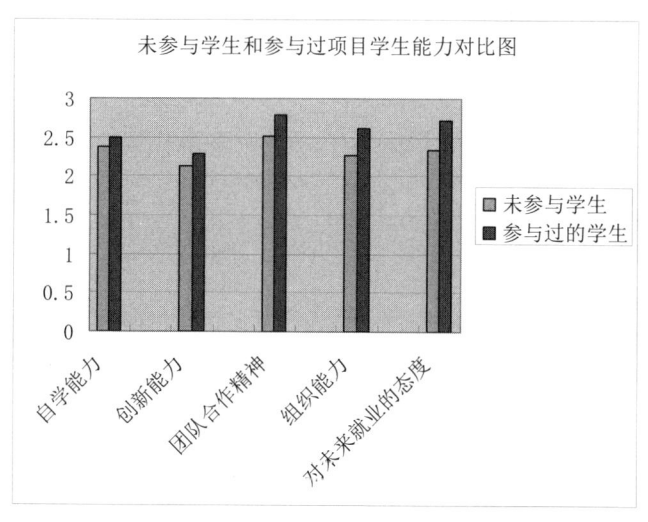

图2-1 学生能力对比图

(1)自学能力的提高。

开放型项目教学基于建构主义学习理论,学生主要通过自主学习进行知识的建构。自主学习通常是指主动、自觉、独立的学习,它与被动、机械、接受式的学习相对。自主学习提高了学生的学习积极性,参与项目教学的学生74%能够踊跃参与项目,只有2%的学生较为被动。开放型项目教学不仅增强了学生的自学能力,也增强了其自主学习的积极性,这对个体的终身学习和毕生发展奠定了良好的基础。

(2)创新能力的提高。

在开展开放型项目教学的时候,首先要进行项目的构思,这是最需要进行创新的环节。根据调查,发现有80%的项目是学生依靠自身知识积累或通过与同学讨论来确定题目,仅有 20%的学生项目是由教师指定,因此大多数学生的创新能力得到了锻炼。

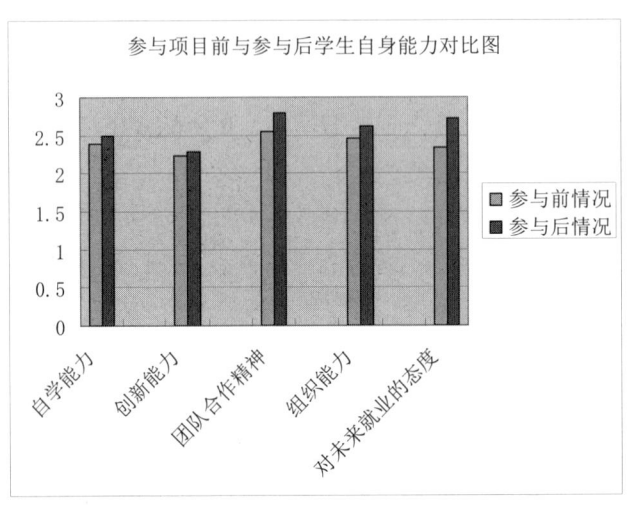

图 2-2　参与项目前后学生自身能力对比图

同时在完成开放型项目任务过程中,往往会遇到意想不到的难题,这时需要学生通过创新来解决问题。在不断地解决问题的过程中,学生的创新能力进一步得到提高。

(3) 团队合作能力的提高。

通过完成开放型项目任务,学生在项目实践中进行合作创作,有时难免会出现团队不协调的情况,此时大部分学生(82%)都能及时与队员沟通,从而解决问题。这一过程培养了学生的交流与合作能力,促进学生之间相互交流、共同发展,使得学生的团队合作精神有了明显的提升。

(4) 组织能力的提高。

参与项目的学生以项目负责人或队员身份参与,其中项目负责人占 43%。项目负责人在组织项目过程中,不仅要把握项目研究,还要协调队员、与教师沟通、对项目进行管理。根据调查,学生需要教师技术方面提供帮助的占 51%,在项目管理方面提供帮助的占 32%。通过对项目实施的管理,项目负责人在组织能力方面得到较大提高。

(5) 对未来就业态度的转变。

教育模式成功与否,要看培养出的学生是否符合社会的要求,具体通过就业情况来体现。开放型项目教学过程中,学生作为项目负责人或队员参与。项目负责人对整个项目有总体的把握,处理危急情况,协调队员。队员在过程中互相沟通,互相合作。因此,学生都得到了能力的提升,自信心亦因此而得到提高,而能力与自信是就业的最关键因素。

2.2.5 开放型项目教学活动存在的问题

经过调查发现,尽管课题组的开放型项目教学取得了不少成绩,但是仍然存在不足和有待改进的方面。

(1)项目学习目前仅限于校内的合作。

项目教学理应打破专业和学校的限制。一个项目的实施必然会涉及到不同学科专业的知识,如在课件的设计开发中,既需要运用教育思想进行案例设计,也需要应用艺术设计的方法进行界面设计,还需要使用计算机技术进行开发。目前本专业参与项目教学的学生已经能认识到这一点,并积极寻找计算机专业和艺术设计专业的学生进行合作,但是参与合作的学生仍局限于校内。目前宽带网络十分普及,并且在杭州高教园区内,校与校之间的联系极为方便,如果能够利用这种优势,开展校际间的合作,将有利于发挥不同学校的优势,促进学生的学习。

(2)师资力量有限。

在项目教学的实施过程中,需要指导教师的积极参与。项目的选题、开发、管理以及技术难题的解决都需要教师的悉心指导,但是由于教师人数和精力有限,使得很多希望参与项目进行学习的学生得不到有效和及时的指导。

(3)场地设备和资金不足。

经过调查,有62%的学生认为设备需要增加,而其中有24%的学生认为设备严重不足。有52%的学生认为资金不足,需要增加,而这些增加的资金学生将主要用于购买书籍(37%)和电脑设备(38%)。这些外部环境因素的限制,在一定程度上影响了开放型项目教学的开展。

2.3 开放型项目教学活动的研究结论[1][2][3][4]

从质的研究中可见,开放型项目教学活动形式主要有项目确定、问题讨论、

---

[1] 岑岗,许森东,阮世平,陈烨,徐弼军. 自主开放型实验项目教学模式研究与实践[J]. 浙江科技学院学报,2011,23(5):392-395.
[2] 岑岗,张少林,孙晓勇. 信计专业开放型实验项目教学模式的研究[C]. 全国高等院校计算机基础教育研究会 2010 年学术年会论文集. 北京:清华大学出版社. 2010,7: 249-253
[3] 徐弼军,岑岗. Study of Web-based Open-ended Project-base Teaching Mode of Physics Experiment(基于网络的开放型物理实验项目教学研究)[C]. 第五届国际计算机新科技与教育学术会议(ICCSE2010). 2010.8: 449-451.
[4] 吴莉霞. 活动理论框架下的基于项目学习的研究与设计[D]. 华中师范大学,2006.

作品设计、资源搜集、作品评价、角色扮演六种基本特征。其作用体现在项目任务与目标的自主性，讨论交流形式的多样性、作品成果的互评性、合作伙伴的选择性、学习形式的协作与多样性，学习资源的共享性。这对于在实际教学过程中，指导教师开展项目学习的设计具有较强的针对性和规范性。

在量的研究中，通过大量数据证明，开放型项目教学对学生四大能力（即自学能力、创新能力、团队合作能力和组织能力）的提升有很大帮助。团队在进行开放型项目教学中培养了学生的思维能力，使学生从全局去考虑问题，发挥了各成员的主动性和创造性。在研究过程中也发现存在着一些问题，如师资力量有限、资金场地不足等，这些有待在开放型项目教学实施的过程中进行改进。希望本研究能够起到抛砖引玉的作用，为高级应用型人才的培养提供一些可借鉴的经验。

开放型项目教学研究与实践是浙江科技学院在借鉴德国应用型人才培养经验的基础上，结合中国国情所进行的一项有益探索，它将第一课堂和第二课堂有机地结合起来，提高了学生自主学习的积极性，实现了对学生应用能力、思维能力、设计能力、创新能力和科研能力等的全面培养，并取得了较为理想的成果。开放型项目教学模式的改革实践将进一步推动中国高等工程教育改革，为社会培养出更多的应用型工程技术人才。

第3章 开放型实验项目教学活动的研究与探索

3.1 开放型实验项目教学活动[①][②][③]

3.1.1 开放型实验项目教学活动的提出

开放型实验项目教学模式是在项目教学、开放型项目教学的基础上，结合专业的实验教学和学校提供的开放实验平台，通过研究和探索逐步形成的。课题组在多年从事项目教学研究与实践和学校建立的开放性实验项目教学平台的基础上，借鉴国外的项目教学模式，结合浙江科技学院自2007年开始设立的开放性实验教学，逐步形成了一套基于项目教学的开放型实验项目教学模式，并在实践中逐步完善。通过自主开放型实验项目的项目学习，促进学生自主学习，增强协作能力，提高综合能力，并引导学生怎样将实践的成果进一步深入研究和推广。

在传统实验教学中，实验内容由教师统一规定，所有学生都是在教室进行一样内容、一样要求的实验。实验内容多为课堂理论"验证型"实验，实验时往往是一个班的学生同一时间做同一个实验，用同样的实验方法与相同的实验仪器，按照课本上的或指导教师说明的实验步骤，在规定时间内做完实验，得出相同或近似的结论。特别是实验设备台数较少、两人合做同一实验时，有些同学只看不动手，也不留心观察实验，不记录有关数据，实验完成后交上实验报告就算完成任务，更谈不上去思考，统一的实验课结束后实验室便关门。实验能力强的学生没有机会做一些深入的探索性实验，有特殊爱好的学生不能做一些他们自己感兴趣的实验，学生对实验内容没有选择权。

德国各大学应用型人才培养普遍重视开放型实验教学。著名的德累斯顿大

---

① 岑岗，许森东，阮世平，陈烨，徐弼军. 自主开放型实验项目教学模式研究与实践[J]. 浙江科技学院学报，2011，23（5）：392-395.
② 岑岗，张少林，孙晓勇. 信计专业开放型实验项目教学模式的研究[C]. 全国高等院校计算机基础教育研究会2010年学术年会论文集. 北京：清华大学出版社. 2010，7：249-253
③ 徐弼军，岑岗. Study of Web-based Open-ended Project-base Teaching Mode of Physics Experiment（基于网络的开放型物理实验项目教学研究）[C]. 第五届国际计算机新科技与教育学术会议（ICCSE2010）. 2010. 8：449-451.

学和凯泽斯劳腾大学对物理实验开放相当重视，实验室实行全天开放。物理实验教材中一般不给出实验如何进行，而是提出问题，要求完成实验，学生只能自己去图书馆找参考书，通过查阅资料，自己设计实验方案，包括实验仪器的选择、实验原理、实验步骤等。所用的实验仪器大多数不是现成的，而是由学生自己组装，再进行测量。显然这种实验的难度较大，对学生动手动脑的能力要求非常高。

学生可以与教师一起共同参与设计实验教学方案，共同讨论，学生可以提出自己的愿望和建议，师生共同商定实验方法和步骤。学生的兴趣和需求不再是只反映在教师教学准备的决定中，而是由学生直接带入实验教学过程之中的。整个实验设计过程可以始终保持师生之间处于"公开"交流状态，沟通彼此产生的新目标新创意。

3.1.2 开放型实验项目教学的理论依据

开放型实验项目是基于开放型项目教学，结合专业的实验教学和学校提供的开放实验室平台，通过研究和探索逐步形成的。开放型实验项目教学模式是将开放性实验与开放型项目教学模式相结合，为学生构建的一个实验能力培养的教学模式。根据开放型实验项目的特征构建而来的。在建构主义学习理论指导下的开放型实验项目教学，以实际的实验项目为载体，学生在课余时间参加由学校提供的开放性实验项目平台进行学习，由学生自主选择实验项目的内容、学习伙伴、指导教师和学习环境等，通过讨论、设计、开发、自我管理和成果评价，最终完成实验项目。通过完成实验项目任务，在实验项目任务的驱动下，提高实验操作能力、设计能力、应用能力的水平。

课题组认为至少有三个传统领域可以作为开放型实验项目教学研究和实践的基础，即建构主义学习理论、杜威的实用主义教育理论以及布鲁纳的发现学习理论。

建构主义认为，知识不是通过教师传授得到，而是学习者在一定的情境（即社会文化背景）下，借助其他人（包括教师和学习伙伴）的帮助，利用必要的学习资料，通过意义建构的方式获得的。因此，"情境""协作""会话"和"意义建构"就构成了学习环境的四大要素。建构主义者认为，开放型实验项目教学实质上就是一种基于建构主义学习理论的探究性模式。

杜威的实用主义教育理论强调以经验为中心、以儿童为中心、以活动为中心。而开放型实验项目教学重视对学生动手能力的培养，并非常强调经验、学生、活动三个中心，同时采用了"做中学"的学习方式，学生经历各种探究活动，通过制作作品来完成知识的学习。

布鲁纳认为，学生的认识过程与人类的认识过程有共同之处，教学过程就是教师引导学生发现的过程，"学习就是依靠发现"。基于此，他开发了基于项目学习的操作流程，即选定项目、制定计划、活动、作品制作、成果交流、活动评价六个步骤。

在这三个理论的支撑下，开放型实验项目教学受到越来越多的教育界人士的关注，并逐步在实践中得以拓展。笔者认为，开放型实验项目教学的本质是基于问题的学习，只是该学习方式在学习的内容、学习的方式及评价、学习时间等方面有所区别，前者更具开放性和灵活性，并且该种学习方式和普通的项目教学有一个不同的地方，即它特别适用于大学层面的学生。

3.1.3 开放型实验项目教学的项目来源

"实验项目"是指由教师提供一些实验项目（包括教师正在进行的科研教研项目所需解决的相关问题），学生根据自己的兴趣爱好，结合专业自主选择项目，由学生自己设计、开发的实验教学活动。具体表现为构想、完善、制造甚至是开发某种实物或产品，例如多功能伞设计、自动冲水系统等。开放型实验项目教学模式是将开放性实验与开放型项目教学模式相结合，结合专业的实验教学和学校提供的开放性实验教学平台，通过研究和探索，逐步形成一个实践能力、创新能力培养的教学模式。

开放型实验项目教学中，主要引导学生结合所学专业进行相关实验项目的学习，培养综合能力。实验项目的来源可以有以下两种类型：

（1）教师设计的开放型实践项目。

教师可以将自己的教研、科研项目中的实验部分，提供给开放性的实验项目，特别是教师在科研校企合作中，企业的新产品设计、验证实验提供学生作为实验项目。学生结合自己专业特点，选择教师提供的开放性实验项目，具体形式有选修实验或兴趣小组。教师从中可以重点择优吸收学生作科研助手。

（2）学生申报自定的开放实验项目。

学生根据所学知识，自主选择实验设计项目，申报学生科技创新项目或开放实验项目，学校给予立项。这种以学生为主体，教师指导为辅的形式，对学生来说具有一定的吸引力，能激发其积极性和主动性。

3.1.4 开放型实验项目教学活动的特点

开放型实验项目教学是在建构主义理论指导下，为学生自主学习构建了一种学习的环境。其开放选择均为双向性，例如，一方面拥有一个优质课题的学生可以在网络平台上选择指导教师和合作伙伴，以及完成实验项目的实验条件；

另一方面指导教师也可根据实验项目小组总体情况决定是否指导该小组以及给他们提出一些建设性的意见等。在实施过程中，它具有项目的导向性、学生的自主性和过程的开放性等特点。

（1）项目的导向性。

开放型实验项目教学围绕着实验项目展开，并注重对学生应用能力的培养，从某种意义上说，通过什么样的实验项目就能提高学生什么样的实验技能及理论。根据这个特点，实验项目的来源是至关重要的。因此，在实验项目的选择上严格把关，学生围绕着学习和生活中碰到的问题提出实验项目，或根据一些企业及教师的在研项目展开研究。实验项目的最终成果可以是一个产品，一个能产生实际效应的作品，或掌握某个特定的技能等。最终评价也由成品的获奖等级、企事业单位能否直接将该成品投入到生产实践中以及成品的具体指标来判断。

（2）学生的自主性。

在开放型实验项目教学中，学生具有很大的自主性。包括学生自主选择实验项目、指导教师、学习伙伴、学习环境和实验条件，整个过程均由学生自主完成。

（3）过程的开放性。

开放型实验项目教学构建了一个更广阔的学生自主学习协作学习平台，让学生有更大的自主性、获得更多的项目资源、导师资源、伙伴选择资源、硬件环境资源，获得更大的技术支撑。由于开放型实验项目教学的整个过程均是开放的，因此，在这样的学习过程中，学习需要良好的自我管理能力、团体协作能力以及处理应急问题的能力等，这也是开放型实验项目教学注重过程性的一大特点。

从选定实验项目内容到完成实验项目，时间跨度可以是几周，也可以是一个学期甚至是两个学期。

开放型实验项目教学过程中，教师起组织、引导、激励、促进作用。学生可以结合所学专业，自主地选择实验项目、学习伙伴、指导教师、学习环境等，通过完成开放型实验项目，提高学生的实验设计综合能力。以高层次应用型人才为培养目标，将实验以开放型实验项目教学模式开展。在理念上，以学生为中心，将开放实验以实验项目教学模式从课堂的束缚中转到课堂外，实现教学方式与学习方式的转变。

实验项目的导向性引导学生围绕着学习和生活中碰到的问题提出实验项目；自主选择实验项目、指导教师、学习伙伴、学习环境和实验条件，整个过程均由学生自主完成，体现了学生的自主性；在学习过程中，学习需要良好的自我管理能力、团体协作能力以及处理应急问题的能力等，这也是开放型实验项目教学注重的过程性。

开放型实验项目教学模式是在以传统课堂专业实验作为专业基础的实验教学基础上，将专业基础实验教学进行拓展，根据不同学生的学习情况进行个别化教学的教学模式。因此，在实验教学中引进开放型实验项目教学，能调动学生探究性学习的积极性，有利于满足不同层次学生的需求。

3.2 开放型实验项目教学在物理教学中的应用[①][②]

下面以物理学科为例，介绍一个基于网络的开放型实验项目教学的案例。

3.2.1 基于网络的开放型物理实验教学模式的构建

大多数的物理实验现象都具有时间性，有的经过漫长的时间，而有的实验过程很短，用肉眼很难观察，指导老师抽象的语言解释使学生理解起来很困难。再者，进行物理实验教学时，由于仪器的封闭性、独立性和不可预见性，使教师对仪器结构及实验内容难以讲透。

针对以上各种实验困难，课题组提出了开放型物理实验网络教学平台建设。以学生为中心，学生可以随时进行实验预习，可以通过网络向教师提交实验报告，可以就实验中的疑难问题进行相互交流，充分发挥现代化教学资源的优势。网络实验教学平台的建立，将会打破传统的封闭式教学模式，学生可以自由安排时间在网上完成实验预习及实验的具体操作过程，方便学生对物理实验的学习，激发学生学习的主动性和积极性，进一步提高教学质量和教学效益。

开放型物理实验网络教学平台中有实验预习、实验预约、虚拟实验、实验数据处理、实验报告、实验在线交流等相应的功能。

（1）实验预习。

这是实验教学中的第一个环节，系统内拥有丰富的相关实验资料，包括文字资料、动画、视频以及各种图片。学生可以通过网络以视频点播的方式观看教学水平较高的教师针对具体实验进行的讲解。

（2）实验预约。

虚拟实验系统具有预约功能，学生可以在网上自由预约准备要做的实际实验，在一定时间内还可以取消预约。当预约被实验系统确定后，学生就按自己

[①] 徐弼军，岑岗. Study of Web-based Open-ended Project-base Teaching Mode of Physics Experiment（基于网络的开放型物理实验项目教学研究）[C]. 第五届国际计算机新科技与教育学术会议（ICCSE2010）. 2010.8：449-451.

[②] 岑岗，徐弼军，骆钧炎. Implementing Open-ended Project-based Instruction in Experiment of University Physics（开放型项目教学模式在物理实验教学中应用研究）[C]. 第二届教育与计算机科学国际研讨会（ETCS2010），2010，Vol（Ⅰ）：830-832.

预约的时间去实验室进行实际实验。

（3）虚拟实验。

网上仿真实验界面真实、数据可测、与实验内容和要求一致，学生必须按照实际实验的步骤和要求进行虚拟操作，并按要求进行数据处理，列出实验注意事项。

（4）实验数据处理。

主要目的是对学生的实验效果进行检验，学生操作完成一个具体实验后，输入必要的数据，将学生的实验数据进行自动分析，并根据具体情况提出建议和指导。

（5）实验报告。

实验报告是学生完成实验测量后的分析和总结，是学生实验素质培养的一个重要方面。通过网络发送给教师，类似于传统教学环节。教师批改后可将批改结果通过网络发送给学生，也可根据情况在网上进行实验讲评。

（6）实验在线交流。

允许学生按照教学要求自行设计实验方案，根据自己的时间通过网络下载所需资源，不明白的地方可以随时在线与教师交流。

开放型物理实验网络教学平台，在讲解这些实验原理和现象时可以利用虚拟实验技术，在课堂上非常逼真地观察到这些实验现象，观察一些关键性的问题，可使复杂抽象的教学内容和概念简单化、直观化、形象化，大大提高学生的理解能力和掌握能力。虚拟实验技术通过动画把实验仪器全方位展示给学生，对仪器内部部件进行解剖式的展示，并能在实验过程中观察仪器的各种指标和内部结构动作，增强了学生对仪器的熟悉和对其功能的把握，为更好地进行实际实验打下基础。物理实验教学平台还可以让教师在不同地点上网组织各种实时或非实时的分布式教学，很好地实现跨区域教学，充分利用了学校的网络教学资源，对教师提供了一个全新的教学方法。

基于网络的开放型项目教学模式是高校合作办学的一种具体模式，它的开展将为我国校际合作办学实践探索提供一种新思路和例证。在高等教育大众化的推进过程中，学生越来越多，学习需求也越来越多，高等教育必然要多样化发展。以传统课堂物理实验作为基础进行教学，基于网络的开放型物理实验项目教学将是一个崭新的物理实验教学方式。因此，在物理实验教学中引进基于网络的开放型实验项目教学，能调动学生探究性学习的积极性，有利于满足不同层次学生的需求。

3.2.2 基于网络的开放型物理实验项目尝试的成效

目前在开放型项目教学研究与实践的基础上，结合德国大学开放型物理实验教学经验，浙江科技学院理学院提出在理学专业实验教学中引入基于网络的开放型物理实验项目教学的研究与实践，以点带面，在应用物理专业的同学中先进行了尝试。通过了一年的开放实验与实践教学的锻炼，已经取得了一定的成效。学生获省级科技创新项目 3 项、省级科技挑战杯二等奖 6 人、实用新型专利 1 项、获得省级物理实验学科竞赛奖 20 人、师生共同与企业开发研制仪器 4 项等。学生还自主申请学校开放实验项目 8 项。

3.3 开放型实验项目教学在信息与计算科学专业教学中的应用[①]

3.3.1 信息与计算科学专业培养目标与特点

信息与计算科学专业是培养具有良好数学素养，掌握信息科学和计算科学的基础理论与方法，能运用所学的知识解决实际工作中遇到的信息处理问题，能在科技、教育、信息产业、经济金融等部门从事研究、教育、应用开发和管理工作的高级应用型专门人才的专业。学生主要学习信息和计算科学的基础理论、基本知识和基本方法。除了打好数学基础外，还要有较扎实的计算机训练基础，初步具备在信息科学与计算科学领域从事科学研究、解决实际问题及设计开发有关软件的能力。因此，信息与计算科学专业学生应具有扎实的数学基础、掌握信息和计算科学的基本理论、基本知识；更能熟练使用计算机（包括常用语言、工具及专用软件），具有基本的算法分析、算法设计能力和较强的编程能力，以及一定的科学研究和软件开发能力。

根据信息与计算科学专业的特点,在专业实验中实行开放型实验项目教学,提高学生应用、设计和操作能力。开放型实验项目教学的教学内容不是培养计划中规定的必修内容，而是专业计划内实验教学内容的补充与拓展。学生通过完成实验项目任务，进行自主、探究性的实验，来提高实验技能。

3.3.2 信息与计算科学专业开放型实验项目来源

开放型实验项目教学，主要引导学生做信息技术方向的实验项目，提高计算机应用能力、设计能力、操作能力等。实验项目的来源可以有以下几种方式：

---

① 岑岗，张少林，孙晓勇. 信计专业开放型实验项目教学模式的研究[C]. 全国高等院校计算机基础教育研究会 2010 年学术年会论文集，北京：清华大学出版社，2010:249-253.

（1）教师的教研、科研项目中的实验项目。

学生结合信息与计算科学专业特点，选择参与教师的教学、科学研究项目中的开放型实验。

（2）学生自己申报科技创新项目或学生申报自定的开放实验项目。

学生根据所学知识，自主选择实验设计项目，进而申报学生科技创新项目或开放实验项目，学校给予立项。这种以学生为主体，教师指导为辅的形式，对学生来说具有一定的吸引力，能激发其积极性和主动性。

（3）学生选择学科竞赛进行创作设计。

创作设计主题由学生自己选择，学生可以请相应的教师作为指导教师。由于学生确定主题来进行创作设计，并且目标明确，能充分挖掘出学生的潜能，真正地从"要我学"转变成"我要学"的阶段。

（4）校企合作中企业提供新产品。

针对产品进行实验项目教学，学生通过学习来锻炼适应能力和创新能力，并且加大力度奖励优秀设计与开发的学生。

3.3.3 在信息与计算科学专业中的尝试

浙江科技学院理学院开放型实验项目教学的研究与实践，结合学校的开放型实验教学平台，在理学专业的信息与计算科学专业实验教学中，提出从提高学生计算机应用能力方面入手，通过了几年的结合信息与计算科学专业的计算机应用能力内容的开放型实验项目教学的实践教学尝试，加强了对学生综合能力的培养，并已经取得了初步的成效。

在学校开放型实验教学中引入实验项目教学模式，并在信息与计算科学专业的学生中率先进行了尝试。学生还自主申请基于信息技术方向的校开放型实验项目近10项。这一教学模式的不断探索、实践、研究和总结，将促进适合信息化社会需要的信息与计算科学专业的应用型人才的培养。

3.4 开放型实验项目教学活动实践

随着高等教育大众化的推进，学生增多，学习需要也越来越多，高等教育必然要多样化发展。开放型实验项目教学模式是在以传统课堂专业实验作为专业基础实验教学的基础上，将专业基础实验教学进行拓展，根据不同学生的学习情况进行个别化教学的教学模式。因此，在实验教学中引进开放型实验项目教学，能调动学生探究性学习的积极性，有利于满足不同层次的学生需求。

3.4.1 开放型实验项目教学活动的几个案例

浙江科技学院在开放型实验项目教学中的研究与实践,结合学校的开放型实验教学平台,在应用物理专业和信息与计算科学专业实验教学中的尝试,加强了对学生综合能力的培养,已经取得了初步的成效(表 3-1)。

表 3-1 应用物理学专业典型案例

案例	参加开放实验	后续参加科技创新项目	参加学科竞赛情况	获取奖项、成果
卢同学(2010 届应用物理学)	物理开放实验	参加科技创新项目 3 项,其中省级 1 项	省物理竞赛、省挑战杯竞赛	省物理竞赛三等奖;省挑战杯二等奖;正式发表论文一篇
袁同学(2009 届应用物理学)	物理开放实验	主持"科技创新"项目 1 项	全国高数竞赛、数模竞赛等	专利:实用新型专利 1 项
陈同学(2012 届应用物理学)	物理开放实验	参加科技创新项目 3 项,其中省级 2 项	高数竞赛、物理竞赛等	省物理竞赛一等奖。

在学校开放型实验教学中引入实验项目教学活动,在应用物理学和信息与计算科学等专业的学生中率先进行了尝试。学生的创新能力、设计能力、科研能力、合作能力都得到了显著提高。学生还自主申请基于理学院实验中心的校开放型实验。学生通过开放型实验项目教学活动,在创造性思维、创新意识和创造能力方面都取得了巨大的进步,从而为以后的科技创新项目研究及成果获取,提供了有利的佐证与诠释。

3.4.2 专业实验引入开放型实验项目

随着高等教育大众化的推进,学生越来越多,学习需求也越来越多,高等教育必然要向多样化发展。开放型实验项目教学模式是在以传统课堂专业实验作为专业基础实验教学的基础上,将专业基础实验教学进行拓展,从而根据不同的学习情况进行个别化教学的教学模式。因此,在实验教学中引进开放型实验项目教学,能调动学生探究性学习的积极性,有利于满足不同层次的学生需求。

3.5 小结

浙江科技学院是一所中德合作培养高等应用型人才的院校,通过借鉴德国应用科学大学办学经验,结合中国国情,培养具有国际化背景的高层次应用型人才。从 2007 年开始浙江科技学院借鉴德国应用科技学院的教学模式,在全校范围内进行了开放性实验教学，其目的是让学生通过该平台加强应用能力。浙江科技学院理学院将开放型项目教学模式和开放性实验相结合，在2008年提出了结合理学专业的开放型实验教学的新模式——开放型实验项目教学模式。该实验项目教学模式让教师的教与学生的学都围绕着一个目标，通过对学习资源的主动运用，进行自主探索和协作学习，并在完成既定任务同时产生新任务。在开放型实验项目教学过程中，以学生为中心，教师起组织、引导、激励、促进作用。学生可以结合所学专业，在开放型实验中，自主地选择实验项目、学习伙伴、指导教师、学习环境等，进而完成计算机应用、设计与操作方面的开放型实验项目，提高学生的计算机应用设计能力。它不受教学培养计划的限制，但围绕着培养目标以完成实验项目任务的形式开展教学，鼓励创新性、发散性思维。

  浙江科技学院在应用物理学和信息与计算科学等专业中最先开始开放型实验项目实践教学的尝试，加强了对学生综合能力的培养，并取得了明显成效。该研究与实践得到了浙江省高教学会重点研究课题立项资助。通过不断探索、实践、研究和总结，促进了适合专业应用型人才的培养。该研究与实践得到了浙江省高教学会（重点）研究课程"自主开放型实验项目教学模式研究与实践"立项资助。其成果获得了2011年浙江省高校实验室工作研究成果二等奖。

第4章 "四步曲"开放型实践教学体系构建

4.1 "四步曲"开放型实践教学模式的基础[1][2][3][4][5][6][7]

4.1.1 开放型项目教学存在的问题

开放型项目教学活动能够拓展学生学习生活，提高实践教学的质量，但在实施过程中还存在一些问题，主要有以下几个方面。

（1）未脱离传统的教学模式。

尽管教师在实践教学中担任辅助的角色，但在整体的实践教学实行中，仍未完全摆脱"教师教学，学生学习"这一传统教学模式，这抑制了学生想象与发挥的空间。大部分的学生仍然只能跟着教师的教学思路走，鲜有自己的个人想法。这就使得实践教学活动与传统教学活动无异，失去了原本应该发挥的功效，对于培养创新型人才是不利的。

（2）实践教学活动定位模糊。

现有的实践教学活动常常停留在辅助理论教学的阶段，这就导致实践教学活动往往是根据理论教学而制定的，可能会出现实践教学活动流于形式，变成理论教学的重复。

（3）实践教学活动安排不合理。

---

[1] 岑岗，林雪芬，莫云峰."四步曲"开放型实践教学创新的探索与实践[J]. 浙江科技学院学报，2015，27（5）：371-75.

[2] 程建芳. 借鉴国外经验 强化应用型本科教育实践教学[J]. 中国高教研究，2007，（8）：54-55.

[3] 朱正伟，刘东燕，何敏. 加强高校实践教学的探索与实践[J]. 中国大学教学，2007（1）：76-78.

[4] 李勇军，李立明，尹新. 构建创新型实践教学体系的几点思考[J]. 实验技术与管理，2007，24（9）：21-23.

[5] Edward F. Crawley、查建中、JohanMalmqvist、DorisR. Brodeur. 工程教育的环境[J]. 高等工程教育研究，2008（4）：13-20.

[6] 宋华明，王荣. 高等教育对经济增长率的贡献测算及相关分析[J]. 高等工程教育研究，2005，（1）：55-58.

[7] 钟秉林，王晓辉，孙进，周海涛. 行业特色大学发展的国际比较及启示[J]. 高等工程教育研究，2011（7）：4-9.

由于实践场地和管理上的问题,开放型实践教学活动安排的时间仍然较少,不能满足学生的实践教学需求。实践教学中大多数的开放性实验项目以选修课形式开展,当开放性实验项目教学时间安排与某些专业理论教学相冲突时,学生通常只能放弃实践教学活动,失去了参与的机会。

课题组经过多年的探索,酝酿了"四步曲"开放型实践教学体系的雏形。浙江科技学院是教育部首批"卓越工程师"试点单位,工程教育的目的是培养具有熟练技术基础和广泛专业能力的学生。把工程教育置入实践教学环境中,让教育部推荐的 CDIO 方式的"构思""设计""实施""操作"作为学生学习某学科基础技术知识和内容的工具和环境,有助于提高学生的学习技能。美国麻省理工学院航空航天工程系教授,美国工程院院士 Edward F.Crawle 通过研究工程教育环境表明,在特定环境中开展工程教育的效果是显而易见的。由此,课题组将开放性实验、学生科技创新项目、大学生学科竞赛及学生科研成果获取与推广作为研究的一条整体思路,探讨由这四个部分构成的"四步曲"工程教育环境对学生实践能力产生的影响,从而解决开放型项目教学存在的问题。"四步曲"体现了以学生为中心的理念,为他们提供一个能够充分发挥自主性、创造性的学习环境,进而发挥其创造能力。

4.1.2 "四步曲"开放型实践教学模式的理论基础

(1) 建构主义学习理论。

建构主义(Constructivism)是影响教育教学实践较为深远的一种认知发展观。建构主义认为学习是获取知识的过程,知识不是通过教师传授得到的,而是学习者在一定的情境(即社会文化背景)下,借助其他人(包括教师和学习伙伴)的帮助,利用必要的学习资料,通过意义建构的方式而获得。由于学习是在一定的情境(即社会文化背景)下,借助其他人的帮助(即通过人际间的协作活动)而实现的意义建构过程,因此建构主义学习理论认为"情境""协作""会话"和"意义建构"是学习环境中的四大要素或四大属性。

同时,建构主义认为,学习的目标具有定向性,只有学习者清晰地意识到自己的学习目标,并形成与获得所希望的成果相应的预期时,学习才可能是成功的。而这学习目标形成于学习过程的内部,由学习者自己设定;同时学习目标的形成与学习过程中产生的真实性人物有关。由此可见,学习目标在建构主义中起着关键导向作用。另外建构主义还非常强调个体的主动性在建构认知结构过程中的关键作用,即学习是自主的或者是由外部环境促使其产生自主的学习。

（2）多元智能理论。

多元智能理论认为，每个学生都在不同程度上拥有言语、逻辑、视觉、人际等九种基本能力，智力之间的不同组合表现出个体间的智力差异，而教育的起点不在于原先一个人有多么聪明，而在于教师怎样使学生变得聪明，在哪些方面变得聪明。学生通过运用自身的智力优势来完成一个学习项目，就意味着要创造性地解决问题。

（3）CDIO理念。

CDIO是近年来工程教育领域改革的最新教育理念和实践体系，它以产品研发运行的生命周期中的"构思""设计""实施""操作"四个环节作为载体，让学生以主动的、实践的方式在工程背景下有机地学习课程知识，达到工程能力和学科知识的过关结合。"构思"指需求分析，技术、企业战略和规章制度设计及理念、程序及计划的制定；"设计"指工程计划、图纸设计、实施方案等的设计；"实施"指将设计成果转化成产品的过程，包括制造、编程、测试及设计方案的确认；"操作"指将实施的产品投入使用，并对前期的程序进行评估、修订及维护的过程。CDIO将毕业生的能力分为基础知识、个人能力、人际团队能力和工程系统能力四个层面，从而保证学生既有扎实的学科专业知识基础，又有深厚的工程能力。因此，有些学者认为，CDIO理念是解决当前工程教育领域"理论"与"实践"争议问题的一种方式。

4.2 "四步曲"开放型实践教学的体系[1][2][3]

4.2.1 "四步曲"开放型实践教学体系组成

开放型实践教学是学生通过大学始业教育和认知实习、参观企业，了解专业的基础上，结合教学培养计划内的安排，让部分学有余力的学生在课余时间参加的一些实践教学活动。实践教学活动形式包括：实验项目内容由教师提供或学生自主设计的开放性实验项目、学生申报或参加教师的科研教研项目、参加相应的学科竞赛、撰写研究论文、申请设计或实用型的专利等。这些实践教学活动又为学生完成教学培养计划内的技术实习和毕业设计等教学环节打下很

---

[1] 岑岗，林雪芬，方益. 工程应用型人才培养模式改革探索——以浙江科技学院"四步曲"人才培养模式为例[J]. 浙江科技学院学报，2016，28（2）：135-139.

[2] 岑岗. 开放型项目教学促进应用能力培养的研究与探索[C]. 应用型人才培养的理论与实践—首届中德论坛（杭州）文集. 北京：高等教育出版社，2008：155-159.

[3] 陈飞. 应用型本科教育课程调整与改革研究[D]. 华东师范大学，2014：101-103.

好的基础。

项目组提倡的"四步曲"实践教学正是基于下列实践教学：开放型实验项目、科技创新项目实践、科技竞赛实践等。在很多研究者看来，开放型实验项目、科技创新项目实践、科技竞赛实践和实践活动的成果各个模块是独立的。"四步曲"实践教学正是从这个角度出发，将这四个模块有机地整合起来，形成一个相互关联的实践教学活动。如图4-1所示。

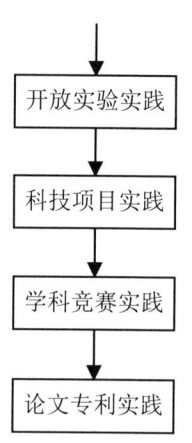

图4-1 "四步曲"实践教学环节逻辑关系

"四步曲"实践教学是基于现有的开放性实验教学、学生科技创新活动、科技竞赛和成果获取等阶段性的教学活动而构建的一个有机整体，即学习者首先选择感兴趣的开放性实验，经过一个学期的实践初步确立自己的兴趣点和主攻方向，随后可以参加学校的学生科技创新活动，并积极申报科技竞赛项目。在这些实践成果积累的基础上，适当地引导学生总结经验并提炼成科研成果，如发表论文、申请专利等。在这四个循序渐进的阶段中，指导教师需要引导并督促学生。

"四步曲"实践教学的核心要素是在整个实践教学环节中自始至终都突出"开放"，具体措施如下：

（1）时间开放。实践的时间不仅仅局限于课堂时间，可以延伸到课堂外的所有课余时间，短则几个星期，长则一个学期甚至一年。

（2）地点开放。地点不再局限于课堂，可以是专业实验室、活动室、多媒体制作室等。

（3）内容开放。项目内容可以由教师和学生共同制定，可以由学生自主设计，亦可以是由企业提供的方案。

（4）人员开放。小组成员可以不局限于班级范围内，各个年级、各个专业的学习者均可以组成项目组。

4.2.2 "四步曲"开放型实践教学模式体系的内容

"四步曲"开放型实践教学模式体系主要分为开放实验实践、科技项目实践、学科竞赛实践和论文撰写与申请专利实践四个环节。

(1) 开放实验实践。

开放实验是一种被广大高校接受的培养学生实践能力的实验教学模式,它已经成为目前世界各个高校实验室教学改革研究的重点和发展方向。在本环节中,学生可以根据教师提供的实验项目实践,也可以由学生提出自己感兴趣的实验项目进行实践。学生提出实验项目经过相关审核后,学校将提供实验所需的场地、设备、资金等实验必需的物质基础,整个实验设计及实验过程由学生自主完成,教师则给予学生一定的指导与帮助。此阶段是培养学生的实验能力、应用基础能力,引导学生创新思维的训练。

(2) 科技项目实践。

科技项目实践是很多高校推广采用的创新学分的来源,在"四步曲"中充当了非常重要的角色。学生经过开放性实验项目的锻炼,各方面的能力都得到了提高。通过与组员间的团队协作,以及与指导教师间的交流讨论,学生在实践动手能力上有了较大的提升。通过科技创新项目实践,可以检验并进一步提高这些能力。学生可以参与一些科技创新项目的申报,既可以在教师提供的课题中进行实践,也可以自行设计课题进行实践。学生自主选择课题内容,自主选择团队成员和指导老师。在实践的过程中可以申请项目所需的器材、设备和场所等实践所需设施。本阶段不仅能调动学生自主学习的积极性,促进学生拓宽思路解决实际问题,更重要的是能培养学生组织能力、协作能力,使学生具有集体荣誉感和团队意识。

(3) 学科竞赛实践。

参加学科竞赛实践是科技创新项目实践成果的展现与成果的进一步提升。将科技创新项目实践中所收获的成果和感悟加以提炼、升华,即可参与学科竞赛项目实践。竞赛项目实践可以是在原有科技项目成果上的直接提升,也可以是在原科技实践的基础上,根据学科竞赛主题由学生自主确定项目并开发。通过学科竞赛项目实践,学生有机会获得专家学者的指导,发现自己的不足,还有机会与其他学校的学生进行切磋,相互学习,取长补短,真正做到对自己的准确定位,这有利于学生各方面能力的提升,有利于学生进一步的发展与进步。在这阶段重点培养学生的表达能力,团队合作能力及竞争意识。

（4）论文撰写与申请专利实践（论文专利成果）。

通过一系列的项目实践，学生在动手实践方面已经具有较强的能力，这时学生可以总结实践成果，撰写研究与设计的论文，或者申请专利等。在本阶段实践中，学生可以学习论文的撰写、专利申请等，同时能宣传与推广自己的成果。为技术实践奠定良好的基础，也为学生毕业论文的撰写打下扎实的基础。

"四步曲"开放型实践教学过程，以培养学生兴趣为入口，以项目实践为过程，以参加科技竞赛为牵引，以提高毕业设计能力为目标，具有趣味性、实用性、科学性的显著特征。整个实践教学过程离不开三个基本条件：实践内容、学习伙伴、指导教师。这些关键因素必需要紧密地联系在一起才能使得一个开放型实践项目顺利完成，课题组构建学生自主的实践教学模式，即学生自主选择实践内容、自主选择学习伙伴、自主选择指导教师的"三自主"实践模式。

4.2.3 "四步曲"开放型实践教学体系与培养计划的关系

"四步曲"开放型实践教学为培养计划外教学，但与计划内教学内容紧密联系，图 4-2 展示了"四步曲"实践教学与计划内实践教学活动的关系。图中，两者密切相关，"四步曲"实践教学既是对计划内教学内容的补充和支撑，又是专业课程的拓展和实践，达到了很好的互补效果。

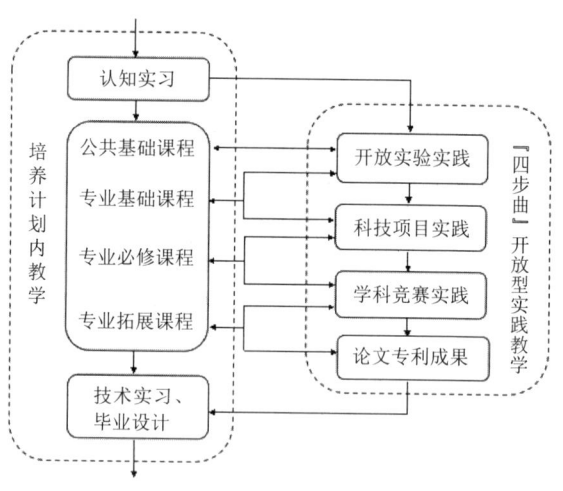

图 4-2 "四步曲"实践教学与计划内教学的关系

"四步曲"开放型实践教学是连接理论学习和实践操作的一个辅助桥梁，已经成为培养高层次应用型人才的有效途径之一。学生通过认知实习，加深对专业学习的了解，结合专业基础和公共基础课程的学习，参加开放性实验实践教学，提高实验能力；结合专业必修的基础理论与实验课，学生根据自身的情况，自主组队参加科技创新项目实践，提高设计应用能力；通过专业拓展课程的学习，参加设计性的学科竞赛；将实践中的理论与设计进行总结与提炼，撰写论文、申请专利等，展示学生的能力与水平，推广学生成果；最后将教学计划内学习的知识与"四步曲"实践相结合，通过到企业进行技术实习锻炼，在毕业设计中进行总结。

"四步曲"开放型实践教学与培养计划实践教学的关系是互相补充的，而非替代的。"四步曲"实践教学紧扣计划内教学内容，学生根据自己所学专业选择合适的课题进行学习，一方面可以将专业课程中所学到的知识运用到"四步曲"实践教学活动中，另一方面也可以将自己在"四步曲"实践教学活动中获得的经验与学习的领悟反馈给专业课程的学习，对其进行补充和扩展，从而提升教育质量。

循序渐进的"四步曲"开放型实践教学活动摆脱了传统教学活动中"以教师为中心""为任务而学习"的弊端。它以学生为中心，利用课外学习时间，围绕项目创新实践展开的教学活动，培养学生的思维能力、应用能力、创新能力、设计能力和科研能力。课题组构建的开放型学生自主创新实践环境，为学生营造了一个更有选择性、针对性、科学性、主动性的教学环境，促使学生自主创新和实践。

在学时分配上，开放实验实践要求能达到 32 个学时；科技项目实践没有学时要求，但要完成学校及以上级别的项目 1 个；学科竞赛及专利申请都是对学习结果的肯定，更是对成果的推广。

有学者对应用型教育课程展开调查和研究，表明在实践性课程中验证性实验占总实验课时数的 30%以上，在课程的创新及专业老师的工程实践能力方面，也存在着诸多问题。因此，用课堂外的实践教学对培养计划内的课程进行补充，是课程改革的一种有效方法。"四步曲"为计划外教学，它与计划内教学内容紧密联系，既是对计划内教学内容的补充和支撑，又是专业课程的拓展和实践。

4.2.4 "四步曲"开放型实践教学体系的特点

"四步曲"模式改变了以往传统教育模式中以教师为主体的观念，以学生为中心，从而发挥学生的主观能动性，能有效培养学生自主学习能力和激发学生自主学习的热情。其特点主要包括以下几点：

（1）自主性。

在"四步曲"的四个环节中，学生不仅可以自主选择实践的时间、实践的项目内容，还可以自主选择实践的学习伙伴、指导老师，充分体现了自主性学习的特点。

（2）实践性。

"四步曲"指导下的学习更加具有实践性，在制作项目的同时增长知识，通过这种实践获得的知识和学习经验是课本上难以学到的，帮助学生在日后的工作中建立了丰富的实战经验。

（3）渐进性。

"四步曲"实践教学体系主要分为四个环节，每个环节必须在前一环节的基础之上循序渐进地进行，帮助学生在建立好扎实的基础后有一个明确的目标，在朝着目标前进的道路中不断地汲取新的知识，同时也为教师在培养学生过程中指明了一条可借鉴道路，对每个阶段的学生进行相应的帮助与指导。与此同时，也可以防止"揠苗助长"等情况的发生。

4.3　"四步曲"开放型实践教学活动的实践[①]

4.3.1　"四步曲"开放型实践教学活动的影响因素

"四步曲"开放型实践教学丰富了高校教学形式。实践质量与效果受学生、教师、环境因素的影响，此外还要有些激励措施保障。"四步曲"开放型实践教学活动的三个因素如下。

（1）学生因素。

学生作为开放型实践教学活动中的主体因素，对模式的实施起到至关重要的作用。学生通过个人兴趣自主参与到适合自己的实践活动中，主观能动地选择自己的学习方向。在实践过程中，学生不仅能够自学，还可以建立学习小组合作学习。组员通过相互之间的学习、讨论、分享、交流的方式，充分发挥伙伴的作用，从而对整个实践教学活动起到激发、促进作用。此外，学生可以参与各类项目申报、科技创新竞赛等，通过竞赛的成果来鼓励、激发自己，也可以通过成果影响周围的学生，提升整个实践队伍的积极性和创造性。

（2）教师因素。

教师在整个开放型教学实践活动中担任辅助的角色，但却是实施环节中不

[①] 韩佳平，岑岗．开放型实践教学基地的学生自主管理研究与探索[J]．实验室研究与探索．2014，33（4）：215-218．

可或缺的因素。与传统的教学模式不同，教师不再是整个教学活动的策划者，而是通过与学生沟通决定如何开展合适的开放型实践活动。这样做一方面避免了教师主观选择的片面性，激发学生兴趣；另一方面，教师通过与学生交流，更加了解学生的需求，能够进行针对性的指导。在实践活动过程中，教师采用专业的角度进行活动指导，通过个人经验进行相关方面的宣传，利用任务驱动的形式，让学生更好地认识、理解实践活动的本质与深层内涵。

（3）环境因素。

环境是开放型实践活动中的基础因素，是支撑各项实践活动开展的基石。环境的支持作用主要体现在两个方面，分别是硬件环境和软件环境。硬件环境主要包括器材、设备等资源因素；软件环境则偏重于实践活动的学习小组的组建、学习氛围的培养、学习过程的交流分享等过程因素。当硬件环境与软件环境相互配合、提供高质量的支持时，整个实践活动就能够良好、成功地开展，达到甚至超过预想的实践效果。

除此之外，还要有必要的管理制度与激励政策来给予保障。制度是开放型实践活动中的保障。一个良好的实践教学管理制度，不但能够保证实践活动的合理、有序开展，而且能够提高教学活动的实践效率。制度不是限制学生实践活动的屏障，而是支撑学生提升、飞跃的垫脚石，更是实践活动向正确方向开展的保障。

4.3.2 "四步曲"开放型实践教学活动的实施保证

"四步曲"开放型实践教学模式的教学实施，依赖于工程环境、软硬件实践条件及导师。

首先，思想认识。要有工程意识，让学生了解"四步曲"开放型实践教学活动的内容、效果及对自身能力培养的促进作用。通过始业教育、学生班会、网络宣传、学长座谈等活动，采取集体动员形式，对个别学生进行引导，使学生尽快建立起自主学习的概念并参与"四步曲"教学实践。

其二，导师队伍。导师可以由具有工程技术的专业教师和参加过"四步曲"实践教学活动的学生助理导师组成。导师和助理导师主要起到引导、帮助、督促作用。

其三，实践环境。一方面可以建立开放性学生创新基地、开放性专业实验室，并由学生自主管理。为方便学生实践，可以配置一些配套设施，如门禁系统，既可以方便学生进出管理，又可以督促学生实践。另一方面，组织学生建立兴趣学习小组，为"四步曲"实践搭建平台，帮助解决学生在实践过程中产生的问题，提供学生自主学习、协作、交流讨论的环境，让学生在互动的学习氛围内提高自己的协作和创新动手能力，从而吸引更多的学生参与进来。

4.3.3 "四步曲"开放型实践教学活动的实践成效

参加"四步曲"教学实践的学生不仅在能力上有了很大的提升，在其他各方面表现也较为突出，具体表现在以下几点。

第一，申报学生科技课题成功率高，完成情况良好。参加"四步曲"实践教学活动的学生积极主持申报科技创新项目，申报成功率相对较高，从2006年至2016年12月学生主持省级及以上的科技创新项目共57余项，其中2014年开始申报立项国家级大学生创新创业训练计划项目14项，浙江省"新苗人才计划"等省级项目45项。课题完成情况较好。

第二，相关教学成果丰富。在"四步曲"实践教学活动的推动下，参加"四步曲"实践的学生积极参加大学生科技创新竞赛，获设计开发类省及以上奖90余项（附录5）。

第三，有效提升了毕业论文的质量。参加"四步曲"实践教学活动的学生将自己实践课题的成果进行总结升华，撰写并正式发表了实践设计研究论文66篇（附录6）。在撰写论文的过程中，学生在理论水平上有了很好的提升，为日后的毕业论文撰写奠定了良好的基础。

第四，获得了多项申请专利。参加"四步曲"实践教学活动的学生将自己设计制作的成果申请专利，增强了学生的自主创新能力和专利意识的培养，目前已经有5项申请专利证书。

第五，有效促进了学风建设。"四步曲"实践教学活动也有效促进了学风的建设，三个校优良学风班中参加"四步曲"实践教学活动人数均在40%以上。如2012年毕业的信息与计算科学专业082班28人中，主持省大学生"新苗人才计划"项目4项，参加1项，主持或参加多项校级项目的研究与实践，积极撰写论文，共正式发表论文8篇，自主学习形成了良好的学风，全班的学习成绩在全年级中名列前茅。

第六，考研率和就业质量得到显著提高。"四步曲"实践教学的开展，极大地带动了学生学习的热情，参加过"四步曲"实践锻炼的学生中很大一部分都选择了考研深造，在2006级至2009级毕业生当年考取硕士研究生的总人数中占了很大的比例。

经过"四步曲"实践教学模式锻炼的学生，不仅获得了实战能力，也吸取了实践过程中的宝贵经验，为他们日后的工作奠定了很好的职业基础。在走上工作岗位后,他们的能力得到了充分的彰显。如在 2010 届同学中,时任平湖在线地区门户技术主管的教育技术学专业的高同学,凭借在校期间培养的扎实技术及创新思维为企业创建了地区门户赢利的新模式;参加"四步曲"全过程的应用物理学专业的梅同学、教育技术学专业的余同学、胡同学等,在就业中找到了合适的工作,并在企业中作为技术骨干发挥作用;应用物理学专业的卢同学、信息与计算科学专业的翁同学等在考取硕士研究生后,表现出了较强的实验动手能力,得到了导师的好评。

4.4 小结

"四步曲"实践教学是在开放型实践教学的基础上发展起来的,该实践教学模式更具体系性,对教师的投入要求更高,对学生来说,可持续性发展能力更强。本章节主要介绍了"四步曲"的起源、理念基础、框架、实践体系的构成、与培养计划的关系及特点等,为后面的实践奠定了良好的理论基础。

第 5 章 "四步曲"实践教学活动的环境建设与管理

5.1 "四步曲"开放型实践教学环境构建① ② ③

5.1.1 开放型实践教学环境存在的问题

目前高校实验室在课余时间对学生全面开放,但是在实际操作过程中,会出现一些教学问题,主要反映在以下几个方面。

首先,受传统教育思想的影响,目前一些高校仍然有不少人认为"实验教学只是用来辅助理论教学的",认为实践教学只是课堂以外的辅修项目,不应该像专业课程那样安排在必修课程中,从而轻视实践教学的重要性,忽视对实验室的管理。现在的实验室往往是在教师讲授课堂内容的相关专题时才开放,但由于教师授课时间有限,学生并不能按照自己的想法自由地完成整个实验任务,完全处于一种被动的状态,由于缺乏必要的开放时间,所以在很大程度上限制了学生综合实验的兴趣以及能力的培养和提高。

其次,教师管理实验室存在很大的局限性。一方面,在管理技术人员上,实验管理人员因编制和工作量计算等问题,往往一个实验室管理人员需要管理好几个实验室,造成实验室管理人员精力不足,实验室开放时间也得不到合理安排。另一方面,大多数高校由于学校对实验室经费投入有限,实验设备不足,无法满足实验室对学生开放的需要。

再次,实验设备利用率低。一些新的、比较先进的实验设备,因实验室得不到正常开放,基本上只有在上实验课的时候才得以使用,大多数时间是放在实验室中的摆设,得不到最大化的利用,造成实验室资源浪费,学生不能通过实践来检验和巩固课堂教学所学习到的知识,导致学生的动手能力和创新能力下降。

---

① 岑岗,余建伟. 构建学生自主管理的开放型项目教学新环境[J]. 实验室研究与探索,2010,30(2):159-160.
② 韩佳平,岑岗. 开放型实践教学基地的学生自主管理研究与探索[J]. 实验室研究与探. 2014,33(4):215-218.
③ 岑岗,魏英,王亦军. 计算机实用技术开放性实验教学探索[J]. 实验室研究与探索. 2004,23(5):19-20.

实验室管理体系的落后与不完善，管理手段的单一，严重制约了实验室管理效率和管理水平的提高。一些年龄较大的高校实验室管理人员普遍年龄较大，虽然工作态度较为认真，但是由于管理思想的制约，对现代化管理手段的运用能力较差，对实验室改革工作带来一定的制约。而且在实验室管理利用上不科学，存在短期内实验室资源利用拥挤，长期间资源闲置的情况。这些不科学的管理措施是导致实验室不能对学生完全开放的重要因素。

课题组从 2004 年提出开放型项目教学模式构建以来，在教学模式的研究和教育技术学专业中进行的实践取得了显著成果，学生的研究能力、设计能力、应用能力都有很大的提高。随着成果的应用与推广，除了发现与众多高校相类似的问题之外，还出现了新的问题。主要表现在教学硬件环境、环境管理和教学督促与监控三个方面。

（1）硬件环境建设。

由于课题组开展开放型项目教学，形成开放型项目实践教学模式，给师生带来了可喜的效果，参加这一教学模式让学生更好地掌握课堂内所学知识，提高专业的理论研究、设计和应用能力。随着参加的学生不断增多，现有的实验环境不能保障开放型项目教学的开展。

（2）环境管理。

参加的学生人数和时间的增加，教师和学生参与的增多，带来了环境管理上的问题，有限的实验管理人员不可能在课余时间一直在实践基地（实验室）进行管理和维护。同时，随着开放型项目的不断推广，也迫切需要解决软环境的建设与健全，如学校政策、实验室规章制度、实施办法等。

（3）教学督促与监控。

随着参加人数的增多，教师的指导工作量也在升级，这势必会影响到指导与监控质量。在没有教师监督管理的情况下，部分学生往往不能自觉地参加项目学习、设计与开发，影响项目完成，最终影响开放型项目教学的效果。

5.1.2　改善实践环境的几项措施

为了培养学生的创新思维、提高实践动手能力，开放型实践教学要求学生投入大量的课外时间到实践学习中去。课题组从几方面着手，营造良好的实践环境，从而为开放型实践教学保驾护航。

（1）健全高校开放型实践教学。

思想认识是改革措施的前提，没有学校层面的支持和健全的教学制度，无法促使教师和学生的积极参与，高校应重视落实学生开放实践教学，投入相应的经费保障学生在开放型实践过程中的学习资源需求，建立有效的教学计划和培养计划来积极引导师生参与开放型实践项目教学，将学生的实践内容列入学生能力考核指标中去，关注学生的综合能力培养。

（2）师生教育思维的变革。

教师的思想问题主要是惰性问题和利益问题。只要教师在实践教学中完善和严格执行实验室开放制度，并解决好劳动与利益报酬的关系，完全可以调动起教师的工作积极性。学校一方面可以加强教师的工作态度和指导能力的培养，另一方面要解决教师工作量的考核。很多学生对于开放型实践项目教学的认知建立在全体教师长期的教育和熏陶下，因此，教师的引导对学生认识与积极参与开放型实践至关重要。

（3）利用专业实验室为开放型实践项目教学服务。

高校的实验室是实验教学的载体，是整个教学体系的重要组成部分，也是高校培养高素质人才的重要基地。一般专业实验室在完成正常教学计划内的实验教学后，还是有一定的提高利用率的空间的。一些高校提出培养学生的应用能力，强调实验室的开放与利用率，却没有考虑学生在开放实验室中能做什么，也没有提出如何让学生参加开放性实验。结合开放型项目教学，将专业实验室的开放与开放型项目教学实践相结合，作为开放型项目教学的实践基地，不但能够解决开放型项目中学生的实践环境场地，还能构建一个自主学习与合作学习的环境，同时还能提高专业实验室的教学设备的使用率。

5.2　学生自主管理开放型专业实验室[①][②]

5.2.1　学生自主管理实验室的原因

如何在未增加实验室管理人员的情况下提高实验室的利用率，如何让学生参与到开放型项目教学模式的环境构建中去。在教育技术学专业实验室建设初期，考虑到让学生来参与，通过参与更加理解建构主义学习理论的含义和作用。课题组提出了学生自主管理实验室模式，目的是使实验室得到全天候的开放，从而促进开放型项目教学。在安全保证且未增加实验管理人员的前提下，实现实验室的全天候开放，使实验设备得到最大化的利用，方便学生使用实验室进行自主学习。这解决了按传统实验室管理模式所造成的实验管理人员不足、实

---

① 岑岗，余建伟. 构建学生自主管理的开放型项目教学新环境[J]. 实验室研究与探索，2010，30（2）：159-160.
② 岑岗，魏英，王亦军. 计算机实用技术开放性实验教学探索[J]. 实验室研究与探索. 2004，23（5）：19-20.

验室设备利用率低等问题，变封闭式为开放式。

通过项目小组完成对实验室的管理，开放实验一般是以小组为单位进行的，每一个学生都是小组成员，他们既对小组纪律产生直接影响，也接受着小组纪律的约束。如果能够合理组建学习小组，运用组内监督机制，就能有效地解决实践过程中出现的问题，也就能从最大程度上保证开放实验的成功。

5.2.2 学生自主管理实验室形式

由于学生的本职是学业，因此始终应该把学习放在第一位，应在保证学生学业的前提下，利用课余时间参与实验室管理。以教师管理员为负责人，组建一支实验室管理小组。制定规范的学生自主管理实验室管理制度，安排合理的实验室值班表。学生自主管理实验室小组可以由学生自主报名，或者由教师推荐，然后由教师管理员最终确定学生管理员小组名单。

健全评价制度，小组管理过程中加强对管理的评价。通过每周的管理评价，暴露出现阶段遇到的管理问题，通过小组内部的讨论，完善管理制度和手段，健全管理体系，保障开放实践教学顺利完成。

5.2.3 学生自主管理实验室的实施方法

学生自主管理实验室模式实施需要从以下几个方面进行考虑。

（1）管理人员选择。

由学生自由报名或者教师挑选责任心强的学生组成实验室管理小组。考虑到学生需要正常上课，实验室管理小组最好是由本专业不同年级的学生穿插起来组成。这样可以避免因课程冲突导致专业实验室不能正常开放，有效地保证了实验室开放时间的连续性。

选择优秀的实践成员，开放实验室的管理者一方面也是整个实验室的标杆，管理者首先要具备良好的开放型实践能力，在管理过程中可以起到既管理又指导的作用。由于整个开放型实践教学一般会是由本专业不同年级的学生穿插起来组成，所以会选取已经参加实践教学相对较久的、实践能力相对较强的学生来辅助教师管理开放实验室。

（2）制定实验室管理办法。

教师与学生管理小组共同讨论、交流，制定出学生自主管理实验室管理办法，确保实验室管理规范、安全。同时根据实际情况制定管理员值班表，具体落实到人。

禁止在实验室区域进食：众多高校存在学生将食物带入学习场地食用，导致学习环境异味严重，尤其是部分学生由于早上起床较晚，匆匆忙忙将早饭带入实验室中，这样的不良现象影响教学环境的建设。

门窗要求：在实验室开放过程中，管理人员要注意在关闭实验室准备离开时要关闭门窗，检查实验设备是否摆放整齐到位，落实好实验室的教学资源管理问题。

设备外借登记措施：学生在实践过程中需要将实验仪器带出实验室操作的，需要登记在案，待学生将仪器完好归还后进行标注。保护实验设备才能保障开放实验的有序进行。

（3）自主管理实验室实施。

学生管理员按照值班表管理实验室。每天有负责人，管理小组由一个组长负责，组长负责总的监督，以及调整值班表等。

（4）反馈管理情况。

在管理过程中必定会出现这样或者那样的问题，每天由负责人汇总，上报管理小组组长，解决不了的上报教师管理员，做到及时发现问题，及时调整，不断完善实验室管理。

参与开放实践的同学可以通过意见箱的形式书面提出实验室的不足与缺陷，提供有效可行的意见和建议等。管理小组通过学生提供的意见，采取相应的管理措施，使得实验室能够成为一个在管理上开放的学习基地。

在学生自主管理实验室一段时间以后，由于学生管理经验不足等原因，存在在各种各样的问题。因此定期由教师管理员组织开展管理经验交流大会，收集学生管理员的管理问题，制定有效的解决措施，每次交流之前制定主题，通过消息墙的形式展示，让参与开放实践的学生了解实验室开放过程中需要注意的问题和现在出现的状况，督促学生自我控制和养成良好的习惯。

5.2.4 教师在开放的专业实验室中的作用

专业实验室让学生参与管理，提高了利用率，特别是方便学生在双休、晚上等课余时间进行自主学习的使用，更能促进学校开放型项目教学模式开展。学生参与管理，并不是教师就可以不负责了，教师管理人员应该将主要精力放在组织、监督指导学生管理上。如组织部分学生管理员，参观、学习其他高校的管理经验，不断完善；在管理过程中，遇到学生无法解决的问题时，教师必须帮助学生解决等。

5.2.5 学生自主管理实验室的意义

学生自主管理实验室，不仅打破了陈旧古板的传统实践教学形式，而且为学生提供了新的科研平台，增强了学生学习的主动性，营造了学生的研究氛围，同时也降低了教育成本。将学生自主管理实验室与开放型项目教学很好地结合起来，不仅解决了实验室开放时间少、管理人员缺乏等问题，促进实验室的全天候开放，更重要的是为参加开放型项目教学的学生及小组成员提供了良好、稳定的项目开发、交流的环境，从而促进开放型项目教学顺利、高效地实施，培养学生的沟通能力和提高创新意识。

（1）激发学生兴趣，调动其参与积极性。兴趣是最好的老师，是探求知识的巨大动力，更是增强积极性、主动性不可缺少的因素。在实验中，学生自己参与、管理实验室，亲自动手完成实践教学任务，激起了学生极大的兴趣，积极性很高，也很投入，甚至到了结束的时候，仍然不想离开。

（2）勤于探索，敢于创新。通过学生自主管理的新模式，尝试新的管理手段和措施，对现代化教育起到了推进作用，是培养应用型人才的有效手段。

5.3 构建"四步曲"开放型实践教学创新环境[1][2][3][4][5][6][7][8]

5.3.1 构建"四步曲"开放型实践教学创新环境

"创新环境"首先由欧洲创新研究小组（GREMI）提出，指的是某一特指的区域范围内，或主要的或非正式的网络。这一系列的网络决定着特定的外部形象与内在特征的归属感，通过集群式的知识习得过程来优化这一特定区域的创新能力。GREMI 小组认为北美及欧洲的一些新兴产业集群之所以具有竞争力，是因为其具备较好的创新环境。黄桥庆等认为创新环境分软环境和硬环境。这些研究基本集中在区域创新环境，并以企业创新环境为主，专门针对高校创新环境的研究相对较少。陈进指出，创新的意识观环境、良好的教学管理环境、

---

[1] 岑岗，林雪芬，莫云峰."四步曲"开放型实践教学创新的探索与实践[J]. 浙江科技学院学报，2015，27（5）：371-75.

[2] 岑岗，余建伟. 构建学生自主管理的开放型项目教学新环境[J]. 实验室研究与探索，2010，30（2）：159-160.

[3] 韩佳平，岑岗. 开放实践教学基地的学生自主管理研究与探索[J]. 实验室研究与探索. 2014，33（4）：215-218.

[4] Camagni R. Innovatioin Networks: spatial perspectives[M]. London: Belhaven press, 1991: 36-39.

[5] 黄桥庆，赵自强，王志敏. 区域创新环境的类型及其特征[J]. 中国工学院学报，2004，(5)：11-13.

[6] 陈进. 论高校创新环境与创新人才的培养[J]. 山西农业大学学报，2004，3（2）：168-171.

[7] 王松武. 建立创新环境与培养创新人才[J]. 高等工程教育研究，2003，(2)：84-86.

[8] 胡亚娥. 论高校创新人才成长环境的构建[J]. 浙江万里学院学报，2003，16（1）：120-123.

开放的学术环境、深厚的人文氛围环境、多元的信息网络环境及先进的硬件设施等是组成创新环境的关键因素。王松武介绍了开放式电子创新环境带来的良好效果。胡亚娥提出要在实施创新教育、改革学生评价体系、建立创新基础、重视校园文化建设和培养具有创新素质的教师队伍等方面引起注意。课题组认为，四步曲实践教学改变的是学生的科技创新环境，从而提升学生的科技创新能力。

"四步曲"实践教学环境的构成涉及"四步曲"实践教学的软硬件因素，其中包括学校乃至学院的制度、师生之间的教学活动以及为学生提供服务的教学设施、场所等。无论是学生的创新活动本身，还是社会所需人才的培养，硬件环境都是重要的环境，而软环境则是对个体成长影响最为关键的构成要素。

（1）硬件创新环境。

硬件创新环境指的是创新的"四步曲"实践设施、信息网络平台等。这些硬件创新环境是实践教学创新的物质基础和必备条件。"四步曲"实践教学提供专门的开放性实验室，只要有学生想参与进来，经指导教师同意，均可以长期使用此环境；同时，提供开放型实践教学的软件平台，学生可以在该平台上与参与者进行沟通、分享作品、选择指导教师及寻求帮助等。在此过程中，坚持下来的学生可以全身心地投入到整个过程中，从而保证整个团队的紧密关系。

随着互联网技术的迅猛发展，硬件创新环境充满了挑战，特别是具备互联互通特性的通信软硬件技术为创新环境提供了更好、更快捷、更宽松的个性化环境。传统的创新环境往往在某个学习环境中，通过头脑风暴等方法推动创新点子的碰撞。而在互联网技术为核心的创新环境下，跨平台、跨媒体、多终端技术等技术为学习者提供了同步、异步交流、沟通的技术基础，为互联网环境下个别化培养提供了良好的条件。

（2）制度与评价创新环境。

制度创新环境是指学校及学院层面对开放型实践教学的支持，包括在政策上和方法上的革新、改良等。一个良好的学校环境对培养创新型、应用型人才具有至关重要的作用，"四步曲"实践教学涉及的开放型实验教学、项目教学、科技竞赛活动以及科研成果等都得到了学校的支持，直接决定了学生参与其中的积极性和开放型项目教学的落实情况。

另外，一套完整的评价方法可以进一步引导学生全面发展。形成性评价和总结性评价是评价学习者学习过程及成果的最常用的两种评价方式，而在"四步曲"实践教学中，没有导向的教学目标，没有特定的教学内容，更没有量化的评量方式，因此，在评价的方式方法上就与教学大纲内的课程存在着巨大的差异。笔者认为"四步曲"实践教学主要以学习者的自我评价和用户满意度来综合达成自我价值的实现，从而不断地提升自我。如图 5-1 所示，横向坐标代表项目的难度，纵向坐标代表用户满意度，即完成的项目是否满足用户需求。由此形成了四个象限，消极成功、积极成功、消极失败和积极失败。积极还是消极主要针对项目的挑战性而言，具有挑战性，能在实践过程中汲取新知识、新技能的项目往往对学习者的心理产生较为积极的影响，从而使其感觉自身能力的提高和进步；成功与失败主要针对用户满意度而言，一个项目获得用户的肯定，就可以说这个项目是成功的，反之则是失败的，以此来评判项目是否符合市场需求。越趋向于坐标正方向的评价结果，说明学习者在完成项目后，越能体现其自我价值，其自我提升度就越高。

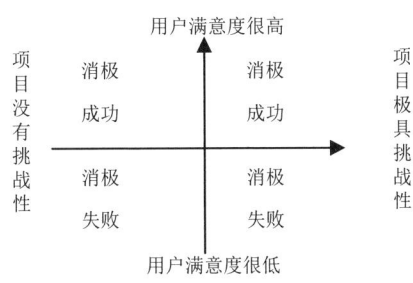

图 5-1 "四步曲"实践教学的评价方式

形成性评价来源于学生参与的项目实践内容，课题组通过过程化的管理手段，用量化的形式来管理单个项目的完成质量和阶段性成果，通过评价反馈项目的落实情况。学生将项目划分为几个阶段完成，每个阶段都有相应的完成指标和任务要求，课题组通过每次的完成情况综合评价整个项目进度与完成质量。总结性评价则是在整个项目完成后，对整体项目进行综合评价，要考虑项目的难度、完成度和质量等因素。在整个教学计划中，课题组通过观测全部项目的进度与完成质量，可以总体评价整个阶段项目教学的落实情况，反馈相关的问题和待完善的缺陷等。

（3）团队创新环境。

"四步曲"实践教学基本以小组团队学习为主，学习者团队的管理是一个需要深入探究的问题，即学习者之间如何协作，如何保持良好的互助竞争关系，形成组内协作，组间竞争、学习的形式。在课堂小组合作中，这是涉及小组能否自始至终地保持良好关系并共同完成整个项目的关键；而在离开课堂约束的开放型实践教学活动中，团队协作尤为重要，良好的协作是高效的催化剂，对整个项目实践起到推进的作用。

在"四步曲"实践教学中，每个小组至少有一名导师，小组可以构建自己的个性化环境，包括实体和互联网创新环境，具体涉及团队要解决的问题情境、资源互联网、人际关系互联网以及自己的团队网络。导师是该网络中的一员，他们会随时关注整个团队的进展及监控项目的创新过程，同时关注团队的协作程度，在适当的时候给予重要问题的提醒。其起到的作用是对策略及方向的把控，而非具体的实施，从而培养团队的创新能力和自我组织的能力。

5.3.2 开放型实践教学基地的创建

从学生自主选择实践教学活动的环境中出现的问题来看，构建一个良好的实践教学环境是相当重要的。通过对开放型实践教学活动的分析，良好的实践环境和完备的实践资源能让学生更好地掌握专业知识，提升理论研究、项目设计与应用、团队协作等能力。所以实践教学基地的建设重点关注资源建设与环境建设两个方面。

首先，资源建设方面。课题组提出开设专用的实践教学活动场所作为学生开展开放型实践教学活动的基地，在学校政策的支持鼓励下，学院为开放型实践教学基地提供部分设备由学生管理和使用，将部分闲置或者利用率低的设备整合在实验基地中，学生可以自主使用实验仪器，实现了设备资源的利用最大化。

其次，环境建设方面。在实践教学基地中，学生作为实践教学活动的主体，通过自由组合的形式找到学习伙伴，形成学习小组，每个小组都有各自的研究目标，成员围绕目标进行学习、交流。不同的学习小组也可以互相讨论、共同提高，这样营造了良好的自主学习氛围。教师在实践教学活动中起辅助作用，督促、指导实践活动，保障实践环境的建设，帮助学生解决实践过程中遇到的问题，指导关键步骤，提供研究思路，引导学生完成实践内容。此外，采用高年级带低年级的形式，高年级在已经具备一定实践能力的同时，辅助教师指导低年级学生，解决教师资源不足问题的同时，也锻炼了学生的辅导能力。

5.3.3 开放型实践创新基地的任务与作用

自主选择实践教学活动的环境，构建一个良好的开放型实践教学环境是相当重要的。开放型实践教学基地通过项目教学的方式为学生布置实践任务。学习小组成员根据自己实践学习任务的需要，寻找合适的指导教师；小组成员根据各自的能力、兴趣和爱好进行分工合作，利用实践教学基地提供的设备和资源，自主进行实践教学。在实践教学基地中，学生在任务驱动的作用下，通过参加各类项目申报、科技竞赛、论文撰写、专利申请等活动，提高自身的实践应用能力。

实践基地旨在提供学生完成课外项目实践的环境基础，提供资源设备帮助，营造良好的自主实践氛围。在实践基地中，学生在进行项目实践过程中，可以通过讨论交流，开拓自身的视野，检验自身的学习情况，培养创新意识和提高实践能力。通过在基地中的项目学习与实践，培养创新型、应用型人才。

开放型实践教学基地为学生自主实践教学活动提供了一个平台，使学生的实践学习得到物质上的保障。学生能够更加自由地选择学习时间，教学活动不再限制在实践课堂内完成，保证了实践活动的学习效果。此外，实践教学基地中有多个不同学科背景的指导教师，确保了实践教学活动的深度和广度，使教师资源得到更高效益的发挥。

为了鼓励和调动学生创新性、发散性思维，丰富学生的创新知识，提高学生的实践能力，培养学生相互间的协作精神，最终达到学生实践能力的培养。课题组通过构建项目实践基地的形式，展开课外项目实践教学，结合培养计划目标，拓展学生知识面和提高学习应用能力。

5.4 学生自主管理实践基地探索[①②③]

5.4.1 学生自主管理实践教学基地

实践教学基地的学生自主管理是改进实践教学环境的关键措施，也是提升实践教学活动效益的重要环节。学生既是项目实践的参与者，也是项目实践的管理者，根据现有的实践教学情况与以往的实践教学经验，课题组提出了学生自主管理实践基地的管理新模式。该模式主要包括人员管理、设备管理和学习管理三大部分，整个管理方法由教师与学生共同讨论、交流并制定，确保了实践教学环境管理的规范性和可行性。

（1）人员管理。

从参加实践教学活动的学生中选择有责任心的、具备管理能力的学生组成实践教学基地的自主管理小组。教师起引导、督促、协助的作用，对整个开放型实践教学活动的资源和过程进行监控。管理小组根据各自的实际上课情况，通过课外时间安排实践教学基地值班人员，制定规范的实践教学基地管理制度，保障实践教学活动有序展开。学生管理员既是实践教学基地的管理者，又是实

---

① 岑岗. 开放型实践教学基地的学生自主管理研究与探索[J]. 实验室研究与探索，2014，33（4）：215-218.
② 岑岗. 余建伟. 构建学生自主管理的开放型项目教学新环境[J]. 实验室研究与探索，2011，30（2）：158-160.
③ 康莹，黄伟英，潘小萍，甘焕英. 开放型实验室管理模式的研究与实践[J]. 实验室研究与探索，2011，（10）：392-394.

践教学基地的使用者。管理员针对实践教学活动过程中产生的问题、实践所需设备与资源等，及时地反馈给教师并进一步进行沟通交流，从而起到沟通纽带和桥梁的作用。

学生管理实践基地与教师直接管理不同。由于教师与学生的比例呈现出一对多的关系，无法满足在任何时间、任何地点都能有教师指导；而且教师无法时刻了解整个项目的进展和落实情况，只有在学生遇到困难的时候，教师才能通过指导帮助学生解决问题。并且有些学生会有惧怕教师的心理，如有教师在场，会产生紧张不安的情绪，导致分心及学习效率低下等状况。不管从教师还是从学生角度，学生自主管理实验室都是一种最佳的选择方案。在这种自我管理的良好环境中，学生会大胆提出自己的想法，大胆尝试自己的想法，从而锻炼自我创新能力。

（2）设备管理。

实践教学活动需要许多硬件设备的支持，这些设备需要专人进行管理和维护。将设备的使用权交给学生，能培养学生的责任心。这种措施不但可以提升学生的管理能力和责任感，更重要的是，简化了设备使用的审批过程，提高了设备使用效率。当然，设备的使用与管理需要遵守学校相关管理规定，不能作为个人设备使用。管理好设备为开放型项目教学提供必要的硬件支持，同时，开放型项目教学又为实验室提供必要的软环境支撑及经费支持，这是一个良性循环。

（3）学习管理。

学生的主要任务还是学习，因此应始终将实践学习放在实践教学活动的中心地位。在学生自主管理过程中，学生根据自己的兴趣、专长、能力选择实践任务，寻找合适的伙伴组成学习小组。小组成员之间互相学习、交流、合作，通过三位一体的学习方式促进整个学习小组的实践效果。不同的实践学习小组之间可以选择不同的实践任务，在实践学习过程中，各学习小组能够互相学习、互相帮助。在实践教学基地，通过高年级带低年级的方式，形成一个有传承性、层次性的实践学习队伍。

5.4.2 学生自主管理实践教学基地作用

开放型实践教学基地为学生自主实践教学活动提供了一个平台，使学生的实践学习得到物质上的保障。学生能够更加自由地选择学习时间，教学活动不再限制在实践课堂内完成，保证了实践活动的学习效果。此外，实践教学基地中有多个不同学科背景的指导教师，确保了实践教学活动的深度和广度，使教师资源得到更高效益的发挥。

对学生开放实验室，不仅丰富了第二课堂，更重要的是使教师和学生均感到收获不小，从中学到很多在课本上学不到的知识，能力也逐渐提高。

学生自主管理开放型实践教学基地，摆脱了传统的以教师为主的实践学习模式，更加注重学生在整个实践活动过程中发挥的主体作用。开放型实践教学基地为学生提供了一个良好的学习平台，不但提升了学生的学习积极性，而且加强了学生的自主管理能力。这种形式保证了开放型实践教学活动顺利、高效开展，培养了学生的学习与管理、合作与交流、设计与应用的综合能力。

学生自主管理给开放型项目教学的环境建设提供了很好的模式。经过一段时间的实践与尝试，取得了良好的效果。由此让学生自主管理实验室是切实可行的，它将对开放型项目教学起到很大的促进作用。

一些学生在参加开放型实践教学活动之后，利用所掌握的知识和技能，申报了"春萌""新苗""国创"等科技创新项目，参加了"挑战杯""多媒体设计大赛""互联网+"等科技竞赛，撰写了研究论文，申请了专利和著作，取得了不少成果。

5.4.3 学生自主管理实践教学基地的尝试

学生自主管理开放型实践教学基地是对实践教学的一次大胆尝试，在一定程度上改进、完善了实践教学的内涵。由于实践教学基地全天候开放，充分调动了学生的主观能动性，促进其更加积极主动地参加到实践教学活动当中。学生对实践教学基地的自主管理，激发了其管理意识，能够使学生更加珍惜现在的实践教学环境，从主观上改变学生的学习态度。

以课题组研究的实践教学基地为例，共有网页设计（Shadow 兴趣小组）和摄影制作（Top 兴趣小组）两个学习团队，而每个实践学习团队又分为若干个选择不同实践教学任务的学习小组。参加实践教学活动的学生根据自身的兴趣，在实践学习团队中选择加入某个学习小组。两个学习团队实践的内容不一样，网页设计学习团队主要进行编程语言、页面设计、交互功能等方面的学习，而摄影制作团队则偏重于摄影技巧、后期处理等方面的学习。两个实践团队各有一位总负责人，负责整个实践学习团队的管理。团队负责人通过与指导教师交流，制定合适的实践学习计划，以任务驱动的方式推进学生的自主实践学习过程，保证学生在实践教学活动中逐步深入，循序渐进完成实践目标。各团队负责人在平时管理过程中收集实践教学活动中出现的问题，与指导老师进行反馈与沟通，及时进行处理。除此之外，指导教师定期进行管理经验交流，师生之间通过讨论完善实践教学基地的管理制度。

两个团队下分别有参与不同项目实践的若干个小组，每个小组有 3～5 人组成，完成一个项目实践，他们在组内也担任重要的角色。团队间取长补短，个人的能力肯定会得到很大的提升，从而出现"一加一大于二"的效果。

5.4.4 学生自主管理实践教学基地的效果

学生自主管理的形式是对实践教学模式的一次创新与探索，经过一段时间的实行，这种管理模式对学生起到了良好的促进效果，说明这样的管理模式是切实可行的。不同的实践团队在同一个实践教学基地中进行实践学习活动，能够互相学习、互相合作、互相借鉴，达到双赢的目的。

首先，参加到开放型实践教学活动中的学生通过整个活动的过程，提升了自身的综合能力。学生经过个人自学、小组合作等多种学习方式之后，改变了学习习惯；在教师的辅助引导下，锻炼了自己的独立思考与实践学习能力，不再跟着教师的规定思路走。

其次，利用课余时间参与开放型实践教学活动，学生对实践教学环境进行自主管理，学习与管理同步进行，提高了他们的管理和维护能力，培养了责任感，也可以实现实践教学资源的最大化利用，提升资源利用率。

最后，这高年级带低年级的方式使得学生们能够很快融合，进入自己的角色，同时也解决了教师资源不足，指导、监管有限的问题。由于利用课余时间开放实践教学基地，使得学生可以更加积极主动地参与到开放型实践教学活动中。学生根据自身情况，自主安排学习的时间，不仅可以在主观上改变学生的学习态度，还可以培养学生的学习积极性和主动性。

一些学生在参加开放型实践教学活动之后，利用所掌握的知识和技能，申报了"春萌""新苗""国创"等科技创新项目，参加了"挑战杯""多媒体设计大赛""互联网+"等科技竞赛，撰写了研究论文，申请了专利和著作，取得了不少成果。

其中以2011级韩佳平团队和2013级陈璇团队为例，他们在项目实践过程中，团队间相互协作，相互帮助，与其他团队相互学习，相互竞争。按照"四步曲"项目实践教学的方式，循序渐进地完成实践教学任务，取得了不错的成效。他们都在大一参与项目实践教学活动，通过实践教学认识"四步曲"教学，对开放型实践产生浓厚的兴趣，参与到其中，两个团队都组织申报"国家级大学生创新创业计划项目""浙江省人才培养计划项目"（新苗项目）、"校春萌计划项目"等多项，参加"挑战杯""省多媒体设计竞赛""省电子商务竞赛""中国计算机设计大赛"等获国家级、省级奖项多项。通过项目学习和实践，各自团队分别撰写发表专业论文10余篇，为学校取得了很大的荣誉。

5.5 多校区学生自主创新实践环境研究与构建[1][2][3][4][5][6]

通常，多校区高校模式主要有三种。一是流动模式：采取低年级在分校区就读，高年级回校本部就读的方式；二是固定模式：把某些学院固定分布在分校区中，学生在分校区就读至毕业；三是本研分层模式：采用研究生或本科生集中分布在不同校区的形式。但是这些形式的多校区都大大阻碍了"四步曲"项目实践教学的展开。

5.5.1 多校区开放型实践教学的几个受限问题

"四步曲"开放型实践教学模式取得了一定的成果，但是随着高校的发展，出现了多校区的办学模式，给实践教学带来了诸多新的问题和挑战。

新校区信息量少，教学资源不同步，科研资源利用率不高，校区和校际间的交流存在难以克服的时间和空间上的障碍，特别是对低年级和高年级在同一专业不同校区的学生产生了一定的影响。在实践教学过程中，原有的自主创新实践环境无法满足多校区间的开放型项目实践教学需求，如何构建一个有效的学生自主实践管理运行机制必须解决以下四个方面的问题。

（1）教师指导受限。

多校区带来了时间和空间上的不便，原因在于指导教师都居住在主校区附近，远离分校区，平时上课来回不便，因此不能时刻在学生身边进行指导；教师给学生的指导时间无法统一，其次缺乏良好、有效的交流途径，教师不能实时了解学生的学习状况和学习进度，学生存在的问题不能及时解答等。

（2）"传、帮、带"受限。

"传、帮、带"一直是课题组进行开放型项目实践教学的重要管理模式，高年级学生指导低年级学生是一种有效且实际可行的教学方式。但是，由于多

---

[1] 刘惠，李小红. 多校区运行模式下高校学生管理的困境与对策研究[J]. 电子科技大学学报（社科版），2015，17（2）：103-106.
[2] 何丽贞. 多校区教学管理面临的问题及对策初探[J]. 赤峰学院学报（自然科学版），2014，30（11）：195-196.
[3] 王竹立. 新建构主义：网络时代的学习理论[J]. 远程教育杂志. 2011，29（2）：11-18.
[4] 孔鲲鹏. 基于信息技术的高校自主学习环境的构建探索[D]. 华东师范大学，2008.
[5] 岑岗，林雪芬. 开放型项目教学的研究与实践[J]. 浙江科技学院学报，2010，22（5）：375-380.
[6] 岑岗，许森东，阮世平，陈烨，徐弼军. 自主开放型实验项目教学模式研究与实践[J]. 浙江科技学院学报，2011，23（5）：391-395.

校区的分隔，导致传统的高年级学生传授、帮助、以老带新的项目实践教学模式受到限制。首先，高年级学长不能当面传授低年级学生项目实践知识，帮助他们解决学习上的困难，带他们初步熟悉如何设计和完成项目实践内容。即使周末能够集中在一个校区进行面对面的指导，也会带来时间上和地理空间上的众多不便，大大降低学习效率。

（3）资源共享受限。

两校区相隔较远，各类教学资源、实验设备、实践环境不能及时有效地共享，部分实践课程不能跨校区选修，选修相同实践课程的学生不能集中交流探讨，甚至有些实践课程应该在大一安排学习的，却因为各种原因将之推迟到大二和大三。多校区教学在缺乏这些必要条件的情况下，给开放型项目实践教学活动的落实产生了巨大的阻碍。

（4）教学管理受限。

两校区间创新实践环境有所差异，主校区已经形成了"传、帮、带"以及教师及时指导的学习模式。高年级学生具备自主学习能力，能够管理整个创新实践基地，而低年级学生缺乏项目自主实践的知识和能力上的培养，对于创新实践的自主能动性不够，学生自主管理实验室的能力欠缺，教师在管理过程中也不能及时有效地全方位地了解学生学习状况。对此，课题组采用同一种教学管理体系是不可行的。

5.5.2 解决受限问题的具体措施

对于多校区带来的这些新的问题，利用"互联网+"的教学理念跨越时空的优势，解决多校区创新实践环境时间和空间上的矛盾，以此着重解决教学活动与管理中遇到的问题。

（1）加强师生交流探讨。

由于一校两区间隔较远，师生交流方面的问题得不到有效解决，利用互联网技术构建一个师生沟通平台，师生之间通过一对一、一对多、多对多的交流形式，有效解决地域带来的师生交流困难的问题。师生可以时刻对项目实践过程中遇到的问题进行探讨和解决，学生向教师学习项目创新需要具备的知识和技术，培养实践创新意识和掌握实践创新能力。

（2）实现教学资源共享。

互联网是一个信息数据传播的媒介，信息量庞大，传播速度极快，资源管理方便的平台，通过互联网技术解决异地师生学习资源的及时共享，有效解决教学资源在教学上的滞后性和封闭性。

(3)解决项目进程管理。

互联网技术运用到项目交流中,教师可通过互联网了解学生项目实践的完成进度,时刻掌握学生的学习状况,有效督促和指导遇到困难的学生。在项目创新过程中,针对不同能力的学生进行单独的指导,避免学生在实践过程中产生盲目心理,保证学生顺利完成实践项目。

(4)因地而异环境构建。

两校区有针对性地构建各自特色的创新实践基地。对于新校区,师生的自主创新意识不强,与教师、学长们的交流探讨不够,可以构建启发式实践教学环境,而主校区学生经常有指导教师当面指导,且已具备一定的实践创新意识和能力,可以构建自主式实践教学环境。两个实践基地通过互联网手段,结合"线上+线下"的指导方式,保证学生在良好的实践环境中进行实践活动。

(5)管理模式改革。

课题组对于多校区的创新实践基地管理采取了互联网线上管理和学生线下自主管理的新模式,具体管理流程如图5-2所示。

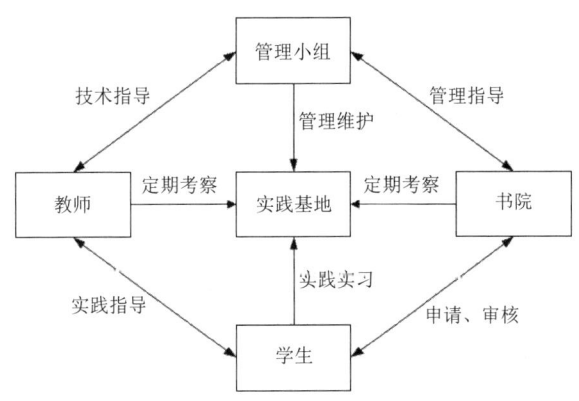

图5-2 实践基地管理模式流程图

以浙江科技学院安吉校区书院制教学为例,课题组构建了一个良好的实践环境。学生在参加开放型实践教学活动中,可以主动向书院提出参加自主创新实践的申请,书院经过审核同意,允许学生进入实践基地中学习,在实践过程中,学生可以向指导教师提问,教师通过实践指导学生完成实践教学任务。书院和教师选拔优秀学生组成管理小组,教师给予一定的技术指导,书院给予一定的管理指导,使得管理小组有能力保障创新实践基地日常运行,书院也会定期对实践基地的运行进行考察。

5.5.3　互联网技术的应用

多校区项目教学管理中互联网技术的运用十分重要，如局域网在教学管理中的应用，局域网使用传统理论的净结构与拓扑结构。同时，基于 TCP/IP 协议的网络可以实现任意两点之间的点到点通信，依靠 Web 服务和其他互联网服务，能够实现多校区间学生项目的视频、语音、文字等方式的讨论交流，对项目的监督管理有很大的帮助。

互联网可以实现用于相互教学的 Web 应用，通过基于局域网的教学管理，应用远程登录、项目管理、教学安排、项目检查验收等功能可以有效地克服多校区之间时间与空间的障碍，给教育管理者提供了有效可行的途径。

5.5.4　多校区管理原则

多校区实验室的管理必须利用科学的方法进行管理。管理必须遵循以下三项基本原则。

第一，统一管理为主，分散管理为辅原则。多校区实验室的管理必须在学校的统一管理下，由各个实践团队分散管理，这样才有利于实验室功能的正常发挥。

第二，高效原则。由于多校区实验室管理的复杂性，因此，实验室的管理办法必须减少管理的层次，提高管理的效率，通过学生直接管理实践基地是切实可行的。

第三，权责分明原则。由于多校区实验室的运行涉及的专业、教师增多了，而且各专业之间的交叉地带也增多了，因此必须做到各专业、各位教师的权责分明，这样才能让实验室更好地服务"四步曲"教学和服务学生科研创新。

5.5.5　多校区实践探索取得的成效

课题组在近两年多校区教学活动中的实践，坚持"以学生为中心，以教师为主导"，坚持"四步曲"开放型实践教学模式和"三自主"培养模式，已经取得了一定的成效。教师利用互联网技术进行远程指导，积极调动学生参加科技创新项目学习。如引导学生申报省级、国家级项目，项目经费保障创新实践基地的日常开销等。一方面，学生可以自主管理实验基地，确保项目实践可以正常进行，同时对实验室器材管理、实践内容整理、卫生纪律管理等，保障学生的实践过程有序进行。同时制定一定的规章制度来确保实践环境的有序运行，这样既可以减少教师资源的浪费，使教师有更多的时间专心于对学生的项目指导。另一方面，由于实验室的全天开放，学生自主管理实验室，可以使得更多的学生进入实验室进行项目的学习，共享实验室设备和教学资源，确保实验设备能够正常使用，提高实验室资源利用率。通过项目实践学习，增强学生的创新实践意识，提高学生的综合实践能力。

课题组2014年以我校安吉新校区为参照点，对构建多校区创新实践环境进行了探索，按照"四步曲"开放型实践教学培养模式，并结合"互联网+"的理念，实现"线上+线下"同步的管理模式，结合教师与高年级学生"传、帮、带"的形式，构建了良好的学生自主创新实践教学环境。以创新项目为驱动，培养学生学习兴趣，在学生自主创新实践能力和创新意识的培养方面取得了一定的成效。以主校区"shadow"创新实践基地和安吉新校区"蓝色空间"创新实践基地为例，近三年来学生自主管理实践基地，完成课外项目实践内容，申报立项并结题省级、国家级大学生科研实践项目和参加教师在研项目多项，在省级、国家级和国际竞赛中获奖十余项，学生在国际会议和国内期刊上发表学术论文十余篇。其中有大一新生申报立项省级、国家级大学生科研实践项目，在校级、省级乃至国家级科技竞赛中获奖，更有学生将自己实践成果进行总结，撰写设计性论文，在国内学术期刊上发表或国际学术会议上进行交流等。

5.6 小结

课题组在借鉴德国应用科技大学的应用型人才培养模式下，结合国情校情，坚持"四步曲"开放型实践教学模式，取得了很大的成效，构建学生自主创新实践环境被证明是一个很好的培养应用型、创新型人才的模式。

开放型实践教学基地为学生自主实践教学活动提供了一个平台，使学生的实践学习得到物质上的保障。学生能够更加自由地选择学习时间，教学活动不再限制在实践课堂内完成，保证了实践活动的学习效果。此外，实践教学基地中有多个不同学科背景的指导教师，确保了实践教学活动的深度和广度，使教师资源得到更高效益的发挥。

针对多校区存在的诸多问题，本研究构建和完善了学生自主创新实践环境，利用多种环境相结合的模式，摆脱多校区地域限制和学习氛围差异。课题组正在设计开发专门用于多校区师生间项目教学活动的可视化管理平台，以便于多校区间的教学活动特别是实践活动进一步开展。

第6章 "四步曲"开放型实践教学模式研究与探索总结

6.1 "四步曲"研究背景与过程

浙江科技学院是一所以培养高层次应用型人才为主的省属高校。基于学校的定位和办学特色,课题组在 2008 年提出在课外加强实践教学活动的教改思路。经过几年努力,逐步探索出了一种较具特色与成效的自主开放型实践教学模式——"四步曲"实践教学模式。该模式先后在教育技术学、应用物理学、信息与计算科学专业进行具体实践,2012 年起又在软件工程专业进行了实践,收到了良好效果。课题组提出以培养和发展本科生综合素质和实践能力为目标,以创新教育为重点,以开展学生科研训练和推进各类学科竞赛为依托,积极探索应用型大学本科学生开展科研设计训练和学科竞赛的新途径和新方法。

特别是在近 8 年的研究与实践中,课题组结合各专业的课堂教学有计划有目地引导学生进入课外"四步曲"实践教学的活动中,利用现有学校教学管理规定与制度,配套激励政策和基地建设;推进大学生课外实验实践、科研创新设计训练和学科竞赛,充分调动学生、教师参与的积极性,使大学生应用动手能力、实践创新能力不断提高。从 2008 年起边研究、边实践、边总结,随着学生的参与度的增加,学生的受益面越来越广。不仅上述几个专业参与了这一教学活动,更有一些其他专业的同学受自主型实践教学活动的影响,也纷纷加入到"四步曲"实践教学活动中,如测控技术与仪器专业 2009 级学生谢旭辉等。这不仅对学生创新精神和实践能力的培养起到了积极的作用,而且初步形成了我校本科应用型人才培养工作中一个特色鲜明的教改思路,也成为了应用型大学本科教育教学体系中一个非常重要的组成部分。

这项教学模式研究与教学实践探索,先后得到了 2009 年浙江省高等教育学会研究课题重点项目:自主开放型实验项目教学模式研究与实践(项目编号:Z200827)、2010 年浙江省教育科学规划研究课题项目:理学类开放型实验项目教学模式的研究(项目编号:SCG212)、2011 年浙江省教育技术研究规划课题立项课题:基于开放型项目的协作学习(项目编号:JA008)等七个项目的资助。最后又得到了 2011 年教育部人文社会科学研究一般(规划基金)项目:工程教育环境下开放型实践教学的研究（项目编号：11YJA880003）的资助；并进一步延伸到对开放型项目教学背景下应用性人才培养的管理机制研究，得到浙江省自然科学基金项目的资助（项目编号：LY13G030035）（附录 1）。

6.2 "四步曲"研究与实践的主要内容

6.2.1 实践教学活动的模式研究

在建构主义学习理论的指导下，通过对学校开展的开放型实验教学、课外科技创新项目研究与实践、大学生学科竞赛、（获奖、论文、专利等）成果获取的实践教学活动的研究进行整合，提出了这种理念较新的"四步曲"实践教学模式与教学体系，即将相对独立的模块有机地整合起来，形成一个相互关联的实践教学活动体系。通过四个不同阶段的自主实践活动，循序渐进地提高学生的各种基本技能。

在这个过程中，学生自主地选择学习伙伴、指导教师、学习环境等，从教师引导学生参加变为学生自主参加，从而达到改变学习的主动性的目的；通过讨论设计、协作开发、自我管理、成果评价完成各阶段的实践教学任务，并把这种理念推广到各专业中去，从而达到改变学生的学习方式。该模式也因此在学生中广受欢迎。

6.2.2 实践教学活动的应用实践

在"四步曲"开放型实践教学模式下，课题组开展了基于项目学习的教学实践活动。从 2004 年开始，通过开放型实验项目开展教学实践活动，到将几个开放型实践教学活动进行整合并定名为"四步曲"，经历了五年时间。2008 年前重点在教育技术学专业开展实施，2008 年后在应用物理和信息与计算科学专业进行实践教学，2014 年推广到信息类专业中的软件工程专业进行实践，同时也有部分其他专业的学生参加了这一教学模式的实践活动。具体采取了以下措施。

（1）课题组采取集体动员和个别引导相结合的形式，在始业教育、学生班会等活动中进行动员和网站宣传，介绍典型自主实践案例。引导学生自觉进入实践教学的学习氛围中，也可自主组织实践兴趣小组，在教师指导下解决学习问题，提高科技创新与动手能力。

（2）结合学校的相关政策措施推动"四步曲"实践教学活动的开展，如开放型实验项目开设、科技创新学分的要求等，提高学生自主实践学习的积极性。

（3）实行自主管理实践基地和实践活动小组。实践教学活动全部在课余时间开展，其管理是一个难点。课题组采取了学生自主组织实践兴趣小组、教师推荐组织某个实践阶段的实践伙伴、由高年级或已经参加过实践教学的同学带领组成实践小组等三种形式，鼓励不同门类、不同专业的学生组成项目实践学习小组，有效增强了组织机能和学习效果。

6.2.3 开放型实践教学活动的环境构建

"四步曲"实践教学是学生全部在课余时间进行的，特点之一在于构建"四步曲"实践的良好互动环境。课题组主要是从以下三个方面着手：一是构建实践教学的组织环境，如组织了 DV 拍摄制作兴趣学习小组（TOP 小组）、计算机兴趣学习小组（Shadow 小组）、蓝色空间等实践组织。二是构建必要的实践硬件环境，让学生进行自主管理，增强学生的实践能力和责任心。课题组教师给予学生较大的自主组织与管理的机会，如林丙元小组管理着几个实践基地（场所）的设备仪器。余建伟、韩佳平、陈璇等同学还将自己的管理体会撰写了论文在核心刊物上发表。三是建设了"工程教育环境下'四步曲'自主开放型实践教学模式研究与教学实践"网站，网站集研究、宣传、交流、展示实践成果为一体，为"四步曲"实践教学模式研究与实践探索提供了一个便捷的网络平台，并在实际应用中取得初步成效。

6.3 "四步曲"理论研究与实践教学成果

6.3.1 理论研究成果

经过十二年不断的研究与实践，课题组逐步探索出了一种特色鲜明、成效显著的教学模式——"四步曲"开放型实践教学模式，取得了不少阶段性成果，2009 年"开放型项目教学研究与实践"获浙江省人民政府颁发的浙江省教学成果二等奖（获奖者：岑岗、魏英、唐伟、林雪芬、孙晓勇）；2010 年"开放型项目教学模式研究"获浙江省高校优秀科研成果三特等奖（获奖者：岑岗、林雪芬、唐伟、孙晓勇）；2011 年"自主开放型实验项目教学模式研究与实践"获浙江省高校实验室工作研究成果二等奖（获奖者：岑岗、阮世平、陈烨、徐弼军、许森东）（附录2），以及浙江科技学院的教学成果一等奖 1 项、二等奖 3 项。课题组共撰写了与本成果相关的研究论文 29 篇，其中核心期刊 3 篇，被 EI 收录 10 篇，EI 期刊论文 1 篇，获学术会议优秀论文一、二等奖等各 1 篇（见附录3）。

6.3.2 学生实践成果

（1）申报学生科技创新课题成功率高，完成情况好。据不完全统计，学生参加完"四步曲"实践教学活动后，自主选择项目主题，申报校级、省级、国家级学生科技创新项目，成功率明显高于其他没参加过实践的同专业学生。从2006年至2016年，学生主持的申报成功立项的项目有百余项。其中，2006年起申报成功浙江省"新苗人才"计划项目45项，2013年以来国家级大学生科技创新项目13项（见附录4），课题完成情况也较好，评定为优秀结题的项目占有一定比例，"四步曲"实践教学提高了申报水平和立项质量，有一部分学生还参加了教师的科技教研项目。

（2）实践成果获奖多。在"四步曲"实践教学活动的推动下，参加"四步曲"实践的学生将自主设计或项目设计开发的作品进行整理，参加国家级、省级和校级各类大学生学科竞赛，取得了丰硕的成果。获得国家级竞赛奖19项，浙江省省级竞赛奖68项，其中一等奖10项（见附录5），获校级奖项多项。

（3）实践研究论文的发表有效提升了学生的理论水平与撰写论文水平。参加"四步曲"实践教学活动的学生将自己的实践课题进行总结提升，撰写并正式发表了实践设计研究论文66篇（见附录6）。这些研究与设计性论文的发表，极大的提高了学生毕业设计的质量与论文的撰写水平，多数同学的毕业论文质量在良好以上。

（4）学生申请的专利。参加"四步曲"实践教学活动的学生将设计的成果申请专利，已经有各类专利证书10余项。

6.4 "四步曲"开放型研究与实践特点与创新点

6.4.1 实践教学模式特点

在项目学习的基础上，四步曲开放型实践教学模式及教学活动具备开放性、自主性、协作性三大特点。

（1）开放性。

时间的开放性。"四步曲"实践教学模式并非从属于具体的课程教学，学生可以根据自身情况自主选择实践的起止时间，一个实践项目可以在一个学期内完成，也可以跨越多个学期完成。

空间的开放性。开放型项目教学可以在课堂内完成，也可以在实践教学环节及课外完成，项目组成员可来自不同年级、不同校区等，而一个项目团队也可以由具有不同学科背景的多个教师共同指导。

项目内容的开放性。实践主题与内容来源可以是学生自定的主题、教师的项目、学科竞赛项目，甚至是企业需求等。

（2）自主性。

"四步曲"实践教学模式充分体现自主开放性。学生参与实践的自主性，无论是那个阶段的实践，学生可以选择由浅入深的"四步曲"整个过程，也可以根据自身基础情况选择若干过程。

实践内容的自主性。实践内容来源可以是学生凭兴趣自定的主题、教师的项目、学科竞赛的项目、企业需求项目等。

选择伙伴的自主性。实践学习小组成员可来自不同年级、不同校区。

选择导师的自主性。实践的指导教师由学生自主选择，可以有不同学科背景的多个教师共同担任。

实践活动时间的自主性。学生可以根据自身情况自主选择实践的起止时间，实践项目活动可以在一至多个学期内完成。

实践学习场地选择的自主性。学生自主管理实践基地，让学生实践起来更方便、更有效。

（3）协作性。

"四步曲"实践教学是以学生为中心，以实践团队为整体，在项目学习基础上进行学习的。因此，在自主型实践教学过程中，协作性是团队首先要考虑的，在此基础上方能培养出具有创新精神及实践动手能力的优秀人才。

6.4.2 研究及研究成果创新点

首先，在国内提出"四步曲"自主开放型实践教学模式。构建并实践了以人才综合素质提高为宗旨，以开放型实验教学为平台，以学生科技创新项目为载体，以大学生学科竞赛为支撑，以科研成果的获取与推广为效益的"四步曲"开放型实践教学模式。包括：①开放型实验实践；②科技创新项目实践；③参加学科竞赛实践；④实践科技成果获取。"四步曲"开放型实践教学模式是以项目学习为手段的循序渐进的开放型实践教学活动体系。

其次，"四步曲"实践教学模式的实施激发了学生主动参与的热情。基于建构主义的"四步曲"实践教学模式，其核心就是将实践教学内容任务化，使学习者沿着"四步曲"建构的学习环境支架逐步攀升。"四步曲"以现代教育理念为指导，以实用为主，以学生发展为主，强调形成积极、主动的学习态度，强调竞争与合作。在实践教学中既有"教"的设计又有"学"的设计，既有自主探究又有合作研讨，充分发挥学生的主体作用和教师的主导作用。

6.5 研究与实践的成果应用与推广

6.5.1 研究与实践成果应用

从 2004 年开始实施开放型项目教学，到开放型实验的实践，逐步形成了 2008 年的"四步曲"开放型教学体系与实践活动，课题组边研究、边实践、边总结。随着学生参与度的增加，学生的受益面越来越广，在教育技术学、应用物理学、信息与计算科学专业，甚至一些信息类专业上，都取得了较好的效果。

首先，通过教师引导、网站的宣传、典型案例展示、学习伙伴的影响，参与的学生人数达到这三个专业人数的 30%以上，其中 2006 至 2009 级教育技术学专业学生参与度达 80%以上。不仅这三个专业的学生参加了"四步曲"实践教学活动，该活动还辐射到物理、信息与计算科学、软件工程等专业。其他专业的部分学生也参与其中。

其次，考取硕士研究生中的部分同学，因参加全过程实践教学，所以获取了多项成果，在实践能力、设计能力、合作能力等方面得到了提高，深受研究生导师喜爱。研究生导师也愿意选择实践科研动手能力强，有创新意识的优秀学生成为他们的研究生，参加他们的研究项目。

再次，应用了工程教育的新理念，工程技术实践应用与动手能力大幅提高。参加"四步曲"实践的学生，无论实验动手动脑能力，还是指定报告等方面，都明显高于其他同学。通过"四步曲"实践教学活动，毕业生的质量和就业竞争力得到了提高，受到就业单位的欢迎。经过"四步曲"实践锻炼的学生，由于在实践过程中进行了锤炼，从而在走上工作岗位后，实践能力得到充分彰显。

最后，实践成果在国内外进行了推广与交流。据不完全统计，学生的积极性普遍得到了提高。学生将实习成果撰写成的论文，在多个国际、国内学术会议上和国内学术期刊上进行了交流，被评为优秀论文、被引用或被 EI 收录。

6.5.2 研究与实践推广

"四步曲"开放型实践教学可以作为连接理论学习和实践操作的桥梁，成为培养高层次应用型人才的有效途径之一，其理论和实践对素质教育和教学改革具有重要意义。实践证明，开放型实践教学模式的改革实践将进一步推动我国高等工程教育改革，对应用型工程技术人才的培养起到一定的促进作用，因此具有很高的推广价值。

（1）项目实践教学与毕业设计相结合，推广到全校其他专业实践。提倡将实践教学中的项目设计与研究与毕业论文（设计）相结合或延伸为毕业论文（设计）。参加全过程实践教学的学生深受研究生导师和就业单位的欢迎，如考取硕士研究生的卢忠和陈中师。导师也愿意选择实践科研动手能力强、有创新意识的优秀学生成为他们的研究生，参加他们的研究项目。本实践教学模式的实践成果应用可以推广到学校其他专业，以便让更多学生受益。

（2）推广到省内高校并进行校际间的合作。在省内高校中进行合作，加强校际间交流，促进共享，特别适合于在一个高教园区内实施，让更多学生受益。

（3）利用现代教育技术实现资源共享。建立"四步曲"自主型实践教学研究与实践网站，在全校推广和校际间的合作交流中起到了重要作用。利用现代教育技术，学生参加实践教学活动的气氛更浓、意识更强、内容更多。改变了过去"被动接受"和"注重理论"的学习定位，使实践教学变得生动、活泼。

（4）学生自主管理经验的推广。课题组教师给予学生较大的自主组织与管理的机会，让学生骨干参与实践活动的组织和管理，调动学生的主动性、积极性，增强责任意识。也能出现更多像余建伟那样将自己的管理体会撰写成论文，并在核心刊物上发表的同学。这些经验均可以进一步总结与推广。

以上内容使课题组深深体会到，"四步曲"实践教学模式是提高工程应用性人才的培养质量途径之一，也是引导学生科技创新、强化实践能力的重要举措，有着极好的应用性和推广价值。

第7章 "四步曲"开放型实践教学案例

7.1 环境影响型案例

开展开放型项目学习实践教学活动,很重要的一部分是学生的实践场所——校内的实践基地。实践基地对于学生的项目学习实践起了很大的作用。在相关学院、校区的支持下,课题组建立了几个小型实践基地,如学院学生创新基地、学生信息技术创新基地、影视技术实习基地、物理创新基地、蓝色空间等,为开放型实践教学活动展开起到了很好的推动作用。

本节将通过学生技术实践社团、计算机兴趣学习小组及创新实践基地、教育技术学专业学生多媒体创作室这三个代表性的环境建设,来阐述其对开放型实践教学活动的影响。

7.1.1 案例1:学生社团——幻影数字媒体协会

一、基本介绍

2005年,一些教育技术学专业大一、大二的同学,参加了影视技术方面的开放性实验后,在邵文飞等同学的组织下,组建了一个学生社团——幻影数字媒体协会,成员有严立刚、俞强峰、林俊珍、洪媛楹、鲍米娜、干伟伟、陈佩佩、龚彪、戴将建、陈茂炜等。学生社团为学生创造了一个良好的项目学习平台,他们采用项目学习的方法,开展开放型的实践教学活动。在业余时间,学生们积极开展项目学习,创作的作品参加了浙江省大学多媒体作品设计竞赛,取得了较好的成绩,社团也被评为省大学生优秀社团。

二、主要成员

1. **邵文飞**:2003级教育技术学专业学生。浙江科技学院优秀学生干部。在大学本科期间担任系学生会外联部部长,2005年9月学校改为学院制后,任信息学院学生会主席助理。2005年5月负责组建幻影数字媒体协会并任会长。所领导的幻影数字媒体协会在2005年被评为浙江省大学生优秀社团。主持和参加了《沉浮》《日货风波》《UPS AND DOWNS》《校园访谈》等DV片制作,作品获得浙江省大学生多媒体作品设计比赛等奖。毕业后他情系母校,帮助母校深入开展实践教学活动,帮助导师指导学弟学妹们。

2. 严立刚：2003级教育技术学专业学生，在校本科期间参加幻影数字媒体协会，自编、自导、自演协会的情景剧DV片《日货风波》和《飞吧，理想》等，作品获浙江省大学生多媒体作品设计竞赛DV组二等奖。毕业后与同学一起结合自己所学自主创业。

3. 龚彪：2004级教育技术学专业学生。在校本科期间担任校学生社团联合会主席，班级团支书，省、校优秀社团干部、校优秀学生干部。2006年被评为浙江科技学院首届大学生十大年度人物。他从跟着学长学到带着学弟学妹们做，2005年参加DV片《日货风波》的制作，2006年自编、自导、自演了DV片《那年夏天》，获得浙江省多媒体作品设计竞赛DV组一等奖。主持浙江省"新苗人才计划"项目"开放性项目教学研究管理系统"；参加省新世纪高校教改项目等。

三、实践成果

2005年严立刚、邵文飞、俞强峰、林俊珍、洪媛楹、龚彪一起制作了第一部DV情景剧《日货风波》，获2005年浙江省大学生多媒体作品设计竞赛DV组二等奖，同时获中国（杭州）大学生电影节DV组第5名（杭州"新势力"大学生电影节三等奖）。社团的同学组织了很多实践小组，取得了丰富成果。获得浙江省大学生多媒体作品设计竞赛DV组奖的DV作品有：

（1）一等奖：2006年作品《那年夏天》，主要作者：龚彪、陈洁、滕燕。

（2）二等奖：2005年作品《日货风波》，主要作者：严立刚、洪媛楹、俞强峰、邵文飞、林俊珍、龚彪等；2006年作品《飞吧，理想》，主要作者：严立刚、洪媛楹、俞强峰等。

（3）三等奖：2007年作品《我的视频日记——走进蒋家浜》，主要作者：陈茂炜、周翔、岑益等。

（4）优秀奖：2006年作品《再现彩虹》，主要作者：鲍米娜、干伟伟、陈佩佩等。

四、实践感悟

1. 邵文飞感悟

2005年，我们刚开始接触影视技术就产生了浓厚的兴趣。当时开放性教学实验的展开，对我来说是一个很好的实践机会。当时的我就有一个想法，想要在大学期间做点东西，学点东西。抱着这样的想法，我就开始在我们同学中组建团队。其实当时的团队也很简单，几个关系比较好的同学拼拼凑凑就算一个简单的团队了。我们的目的就是想做出一个好的DV剧来参加当年的大学生多媒体作品设计竞赛。刚开始的时候，摆在我们面前的一个很大问题就是技术问题，当时我们刚刚接触到摄像技术，要拍摄出一个好的DV剧可谓是困难重重，再加上我作为第一个带队参与这个项目的人,也觉得压力非常大。学生时代,有困难找老师,永远都是一个正确的选择,我们那时候要想能够有设备给我们经常练习,就去找系里的老师帮忙。老师对我们的项目特别支持,在我们实验设备非常紧缺的情况下,特批给我们一台当时算是比较专业的摄像机,也是我们唯一一台拍摄效果比较好的摄像机。技术上,我找到我们专业里摄像技术比较突出的吴老师作为技术指导老师,他对我们的项目也是非常支持,经常抽空给我们补充专业知识,带我们拍摄,这让我们的技术能够在短时间内有一个较大的提升。

2005年的暑假,当大多数同学都回家的时候,我们留在学校,开始了我们的DV剧的制作。从来没有写过剧本的我们占领了一间教师办公室,这也体现了当时系里对我们的支持,空调房,这对我们来说可不是一般的待遇。环境是好了,但是,剧本还是一件比较头疼的事情。前后经过两周多的讨论,终于确定了剧本主题。

我们开机的第一天,下午三点,烈日当空。我们的团队,自己拍摄,自己当演员,虽然天气很热,但是大家的激情就跟地面的温度一样,一直都是持续高温,唯一一把伞撑的是摄像机。大家都在努力拍摄的时候,我们的身后出现了熟悉的身影——岑老师,手上还提着一袋棒冰。这么热的天,老师突然给我们送来了棒冰,那是对我们非常大的鼓励。有了老师这么大的支持,我们的作品也在暑假过后完成了,获得了当年的浙江省大学生多媒体作品设计竞赛二等奖和大学生电影节的三等奖。可以说,当年我们参加了开放性实验教学取得的成功,是我们自己努力的结果,也是我们的老师们为我们无偿付出所得到的成绩。

这一次的成功,其实对我的后期有很大的影响。我一直都信奉居里夫人的这样一句话:"人要有毅力,否则将一事无成。"这次我们取得了一点成绩,过程中,我们一直在相互鼓励,一起努力坚持。这也是我后期参加工作后宝贵的经验积累。

毕业后我因为摄像技术比较突出去了杭州电视台,成为了一名摄像师。在电视台的工作就是实战,我很快成为了一名合格的电视台摄像师。

现在我已经离开了摄像师这个岗位,变成了一个广告行业的从业人员。每当遇到困难的时候,我都会想起我们当时参加开放性教学实践的那些日子,我作为一个团队的领头人,顶着压力,到处找我们的老师给我们技术上和条件上的支持。也正是这样的经历,提升了我的专业技能,更加锻炼了我的管理和协调能力,这也是现在我做工作所必备的职业技能之一——沟通和管理能力。

2. 严立刚感悟

我的个性，比较低调，特别抗拒跟老师的接触，甚至会鄙视那些有意接近讨好老师的同学。大一、大二的时候，岑岗老师因为是我们系的系主任，于是总有一些比较上进的同学围着他，而他好像也是很乐意接受他们的那些"甜言蜜语"，整天笑呵呵的。可以说我清高吧，我是比较看不惯这样的作风的，于是，那段时间我对岑老师一直是敬而远之，觉得安静地混过这四年就行了，反正也不知道咱们这个专业到底是在学什么东西。

大学的环境比较容易让人迷失，相比高中紧张的学习氛围，这里没有严厉的老师整天管着你，没有父母在身边唠叨，也没有繁重的学业压在你身上。于是，大一和大二上半学期，我就是这么浑浑噩噩度过的。大学总会有几个特别铁的哥们，我也不例外。几个人因为空虚无聊，在一个比较吃得开的同学的带领下，我们加入了系里的DV兴趣小组，一开始只是学习一下基础的摄像机使用方法、简单的后期非编软件的运用，然后可以拍摄一些学校内部各系的活动、社团活动。当时觉得总算有事情干了，而且还挺有意思，系里面的老师也挺支持，就伴随着兴趣边玩边学，没想到，竟然改变了我的人生！

大二快结束时，随着技术的进步，我已经对简单的拍摄感觉乏味，想要提高自己，正巧传来一个消息，说可以拍摄DV短片去参加省里的比赛。我二话不说报名参加了，想利用暑假的时间去完成这个项目。但是，要拍一个DV短片，就当时的条件来说，实在不是一件容易的事情。光剧本，我们就反反复复写了好几稿，这还只是开始……

当时的硬件条件可以说是比较差的，整个系，就一台索尼的摄像机，连一个正式的非编工作站都没有，而且摄像机的使用也会受到很大的限制，因为这是系里唯一的设备，管理当然很严格。后来慢慢觉得好像摄像机越来越容易借了，也有老师加入我们小组来辅导我们的项目制作，当时也没多想，只是想尽全力把东西做出来。夏天拍摄确实是一件很辛苦的事情，为了赶进度，即使是烈日当空，我们依旧坚持拍摄。有一天，我记得天气特别热，我们几个正在为怎么拍摄而争执，发现大老远走过来一个人，手上还拎着一袋什么东西。当时是暑假，学校里人很少，老远看着，像是一个中年人。等他走到我们身边，我们顿时惊呆了，怎么会是系主任岑老师？看他那样子，好像就是为我们来的！还是那副笑眯眯的样子，我当时不知道该说什么，只是默默地躲在其他人身后。只见他乐呵呵地从他手里的袋子里拿出很多棒冰，一根根分给我们吃，很和蔼地跟我们聊天，鼓励我们。我知道他不是很懂我们的技术，但是我看得出来，他对我们的项目还是很关心的。因为去参加比赛的同学不多，在去金华比赛的那几天，跟岑老师的接触就比较多了，那时候才知道之前对岑老师的印象都是因为没有真正了解他,也明白了为什么很多同学喜欢围在岑老师身边。因为他就是那种一点架子都没有,很随和,打心底喜欢和自己的学生在一起的人。

3. 龚彪实践感悟

时光如梭,岁月如歌,一晃 12 年过去了,毕业也已经 8 年了,但是在学校里的学习和实践,犹如昨天发生的事情,历历在目。记得大一时跟许多同学一样回家过暑假,有一天学长邵文飞打了一个电话过来:"有一个项目需要一个主演,你有兴趣不?"经过沟通和了解,我参加到 DV 片《日货风波》的项目中来,也正是因为这个项目,打开了我大学时代的实践窗口。从第一次参加学长的项目到第一次自己主持项目,从第一次以主角的身份参与项目到第一次以导演的身份组织项目,从第一次读着现成的脚本到第一次三五人一起头脑风暴后操刀脚本,我收获很多。

参加过第一学期学长的暑期实践,要拍一部自己的作品的种子在心中埋下。在第二学期和第三学期的学习中,我主动跟指导老师鲍忠亮老师和岑岗老师沟通心中的想法,得到了两位老师的大力支持,在两位老师的引荐下,又认识了后来团队中的两位主力:2005 级的陈洁和滕燕。在暑假前 2 个月,我们三人在两位老师的指导下多次完成头脑风暴,统一了项目的定位——暑期实践教学、下乡支教的主线路。在完成思路统一以后,凭借着内心的不灭火花完成了第一稿的剧本编写。第一稿的剧本就完成了当时故事梗概的编写,根据教学中学到的分镜头脚本的写法和时间轴的推进,在开展项目前 2 周完成了拍摄前的准备工作。在当时资源相对紧张的情况下,拍摄的设备以及资金的筹集是最大的问题,将情况反馈给两位指导老师后,两位老师出面跟主管器材的老师协调沟通,从实验室里借用了 3 台摄像机和一台笔记本电脑。在资金上两位老师也鼎力支持,在我们奔赴台州进行拍摄的时候,由鲍忠亮老师实地带队并现场指导,岑岗老师在杭州远程协助和支持。每天进行当天的工作总结和讨论,根据实地的情况进行调整并安排第二天的拍摄任务,那两周时间,我们只保证每天 4 个小时的睡眠,其余的时间里都在拍摄和查看素材是否合格。拍摄完成以后回到学校,借用学校实验室的机房进行剪辑和修片,这期间也得到老师很多的支持:延迟设备使用时间,对于画面的处理给出很多指导建议,对于整部片子的规划进行调整,对于片子的每次改动都给出了很多专业的意见……艰苦的付出终于有了丰厚的回报,《那年夏天》的片子一举拿下了浙江省大学生多媒体作品设计比赛 DV 组一等奖,同时也是唯一一部作为样片在总结中给评委专家进行观摩和点评的作品。

制作本项目,让我们将平常停留于书本上的知识得以在实践中转换,让我们在实践的过程中纠正平时在学习中的错误思维，让我们在实践的过程中弥补平时在学习过程中遗漏或者不重视的知识，从而更好地锻炼了我们的动手能力、执行能力、统筹协调能力。完成第一个主导的项目后，后续又参与了省新苗计划和导师的省部级项目《开放型项目教学》，毕业论文也是在理论框架上弥补了自身的缺陷。

　　参与项目教学实践后，我整个人更加积极向上，在跟指导老师的相处过程中，得到了很多其他意外的收获。当时因为自身的原因，参与了班级、学院以及学校的三级组织的锻炼，在生活中成为老师的朋友以后，岑岗老师给出了很多合理建议：人的精力是有限的，要将有限的精力集中起来。在跟导师岑岗老师的沟通后，果断的放弃了班级以及学院的相关学生管理工作，专门为学校的社团服务，将平时开展项目得到的心得运用在管理学校社团的工作中。在2006至2007学年的社团管理工作中，社团得到了史无前例的发展，有4个社团得到了省级优秀社团的称号，5位社团指导老师得到了省级优秀社团指导老师的称号，我自己也荣获了省级优秀社团干部的称号。这也为我以后的工作做了很好的铺垫。我的几点体会：

　　（1）寻找到自身的兴趣点，然后将其放大，并为之不懈地努力。

　　（2）团队很重要，要不同特长的同学发挥自己的优势，为项目贡献。

　　（3）寻找到合适的指导老师比自己埋头苦学更好，能够快速缩短学习的时间。

　　（4）有困难多与老师沟通，善于协调和利用老师的资源来完成项目。

　　（5）坚持是最核心的，任何困难都是有解决方案的，放弃很容易，但坚持很难。

　　五、结语

　　他们是一群志同道合的伙伴，成立了一个学生社团——幻影数字协会。在这个平台上得到了学习和锻炼，通过实践，应用能力有了很大的提高。幻影数字协会成为第一个紧密结合实践项目教学的社团，成果作品第一次获得省多媒体设计作品 DV 大奖——一等奖，第一次获得中国（杭州）大学生电影节 DV 大奖等。有一批同学为此选择了就业的目标，也有进行数字媒体创作自主创业等。一个优秀的社团也能促进开放型项目学习，促进学生进行开放型实践，提高学生的专业知识水平和应用能力。他们也是一批知恩感恩的人，社团的实践经历让他们难忘母校。毕业后他们又情系母校，为母校的实践教学活动深入开展贡献力量，帮助导师指导学弟学妹，是同学们学习的榜样。

7.1.2 案例2：创作基地——多媒体创作室

一、基本介绍

多媒体创作室创建于 2004 年下半年，到 2012 年底，2013 届教育技术学专业学生毕业时结束。一开始，教育技术学专业老师将教学用房挤出约 20 多平方米，用于让学生进行多媒体创作实践，随着学生人数的增多，后调整为专业实验室。

多媒体创作室从建立起就实行了学生自主管理模式，体现了开放型实践教学活动的自主性，管理的学生为此与老师一起对管理的形式和模式进行了研究与实践探索，取得了良好的成效。创作主题主要有三个方面来源：第一类是由学生在开放性实验的基础上，自主选择主题进行设计制作类型的项目学习，这类主题创作往往是学生自主设计，没有立项，代表性学生有章国栋、余建伟、胡文昌、陈吉波、夏剑雄、乐海依、王盈盈、沈晓红、刘圣、马海斌、李晓玲、罗玲肖、邵晶、单玲玲、马晨飞、王莲强、俞滔、包顶峰、谢旭辉等；第二类是在自己选择主题后，申报学校和浙江省大学生科技创新项目，在项目任务的驱动下，开展项目学习实践教学活动，代表性学生有潘晓虹、王慧琴、高飞红、徐君、陈洁、李炜、范玉凤、郑武江、俞凌云、李荣存、周志凡等；第三类是参加老师的科研、教研项目，完成项目学习实践活动，如朱贵、廖银亮、王慧玲、李娜、吴鑫园、龚彪、高丹、盛文栋、刘举鹏、谢旭辉、张天恩等。在创作室中，同学们能够自由讨论、自由组队，参加申报课题和学科竞赛，有的同学还能撰写论文。

八年时间里，同学自主设计实践项目进行项目学习实践教学活动，先后有 100 多位同学在创作室进行实践创作。在创作室进行实践，时间少则一个学期，多则整个大学四年。

二、主要成员

1. **项城**：2003 级教育技术学专业学生。在大学本科期间，任教育信息技术学系分团委书记助理，副班长。2004 年主持校学生基金项目"多媒体素材库的建设"等，参加了教师的研究工作，撰写论文 3 篇。他是浙江科技学院教育技术学专业中第一位参加项目学习的学生。

2. **章国栋**：2003 级教育技术学专业学生。本科毕业后考取了浙江工业大学计算机专业研究生。在创作室时，他根据兴趣选择制作化学课程课件，又参加了导师的浙江省新世纪高校教改项目的管理系统开发等项目，协助指导老师指导同学进行项目学习，当起了学生助教。课件作品《烃的衍生物》获 2006 年浙江省大学生多媒体作品设计竞赛课件组三等奖；撰写了《基于 WEB 化学虚拟实验自主协作型 CAI 系统设计》等 3 篇论文。

3. **周程**：2003 级教育技术学专业学生。在大学本科期间，任副班长，曾任教育信息技术学系学生会副主席。主持或参加校科技创新项目"教信系资料管理系统开发"等；参加教师教学与科研研究。网站作品《多媒体作品展示交流》获 2006 年校大学生多媒体作品设计竞赛二等奖。撰写了《在实践教学环节中加强计算机应用能力培养》等 2 篇论文。

4. **陈洁**：2015 级教育技术学专业学生。大一跟学长参加了 DV 片《那年夏天》的制作；主持和参与申报浙江省大学生科技创新活动计划（新苗人才计划）项目"基于 WAP 的移动学习平台"和"开放型项目教学应用研究管理系统"，项目成果作品《那年夏天》和《"开放型项目教学研究应用"管理系统》分别获得浙江省大学生多媒体作品设计竞赛 DV 制作和网站设计一等奖，还参加了老师的多项科研工作。撰写了《开放型项目学习促进计算机应用能力培养的探索》等 3 篇论文。

5. **马海斌**：2004 级教育技术学专业学生。主持了 2006 年校学生课外学术科技开发基金项目"多媒体展示与交流平台"和自主设计的项目"中国当代画家"网站制作等。项目成果网站作品《中国当代画家》获 2006 年第五届浙江省大学生多媒体竞赛网站组二等奖。

6. **郑武江**：2007 级教育技术学专业的学生。主持校"春萌计划"项目"经典古文课件的设计与开发"后，组织了不同年级的几位同学一起申报浙江省大学生科技创新活动计划（新苗人才计划）项目"网络学习的过程化监控体系研究与通用框架实现"，项目成果在 2010 年获第六届浙江科学院大学生多媒体作品设计竞赛获网站作品二等奖，撰写了项目论文《教学过程化监控管理系统的设计》。

7. **俞凌云**：2007 级教育技术学专业的学生。在本科期间，获国家奖学金、国家励志奖学金等。2011 年考取浙江工业大学研究生。参加浙江省大学生科技创新活动计划（新苗人才计划）项目"网络学习的过程化监控体系研究与通用框架实现"等，项目成果在 2010 年获校多媒体作品设计竞赛网站作品二等奖，撰写了项目论文《教学过程化监控管理系统的设计》。作品《流感风波》获 2010 年"十一五"全国教育影视优秀作品大赛三等奖。

8. **李荣存**：2008 级教育技术学专业学生。曾担任幻影协会技术部部长、校计算机协会部长。他助人为乐，热心帮助他人，主动承担起开放实践基地的管理工作，为大家提供了良好的实践环境服务，帮助同学解决困难。主持设计开发项目"基于虚拟现实技术的地震演习系统"，参加寰亚出品动画电影《纽约行者》（又名《小金刚纽约大冒险》）等多项 DV 片制作。三维动画作品《让世界更美丽》和导演兼制作 DV 作品《润物细无声》分别获得 2010 年第九届浙江省大学生多媒体作品设计大赛三等奖。

9. 夏剑雄：2009 级教育技术学专业。带领着不同学院和不同专业的 9 位同学组成项目学习实践团队。团队组织申报了浙江省新苗计划"基于淘宝 API 的返利网的推广与运营"项目，虽然没有获得立项，但团队成员积极努力，在没有经费支持下完成了项目作品《杭州返客有限责任公司》，该作品获 2012 年第八届浙江省"挑战杯"大学生创新创业大赛二等奖；作品《返利网》获 2012 年浙江省大学生电子商务竞赛省三等奖、浙江省蓝桥杯创业大赛获二等奖；撰写论文 "Construction of A Four-step Practice Teaching Mode Under Network Environment"。

三、实践成果

在创作室参加实践创新的同学，实践成果丰富。

（1）完成了由 2003 级的潘晓虹，2004 级的王慧琴、龚彪，2005 级的陈洁，2006 级的李炜，郑武江、李娜，2008 级的盛文栋，2009 级的谢旭辉主持的浙江省大学生科技创新活动计划"新苗人才计划"项目 9 项，另外还有校级项目和自主设置的项目数十项。

（2）共获省级及以上多媒体作品设计奖（不包括 DV 制作作品）35 项（获国家级竞赛奖 4 项，省级竞赛奖 31 项），其中一等奖作品 6 项，二等奖 12 项，三等奖 13 项。

（3）学生撰写论文 27 篇，其中项城、周程、陈洁、余建伟等同学与老师一起研究的论文 8 篇，被 EI-C 检索的 6 篇，核心期刊 1 篇，被全高校学术会议评为优秀论文奖的 4 篇。

四、学生感悟

1. 项城感悟

刚进大学不久，一个偶然的机会，参加了岑老师主持的民盟会议，地点在科技学院。我和几个同学作为现场布置，从此与岑老师慢慢加深了交流。岑老师一直在探索现有教育中存在的问题并尝试新的教学方式，也经常鼓励我要勇于尝试，多渠道地发展自己。有一天，岑老师问我："目前正在尝试的项目教学（实践教学）的研究，需要有些同学实践研究对象参加实验，你有没有兴趣？"正是因此岑老师对我的鼓励和支持，我有幸成为了岑老师的第一位"入室弟子"——教育技术学系第一个项目教学实践的学生。

结合我所学专业，岑老师让我参加了他或其他老师主持的一些项目研究活动。岑老师经常会叫我一起参与他与其他老师的学术讨论，让我从听、从看、从最初的整理学术资料开始。看得多了，听得久了，久而久之，我也慢慢参与进去了。在岑老师和潘旭峰等老师的指导下，第一篇参与撰写的论文《基于协作学习的分层次实验教学研究与探索》在 2004 年教育技术国际论坛会议上被录用，虽然我是作为第三作者，主要以基础性的素材和资料收集为主，但也给了我很大的肯定。就是在这个时候，岑老师怕我骄傲自满，及时地提醒我做事情需要持之以恒，不懂就问。在我内心里，一直视岑老师如父亲一般，因为岑老师不仅在学习上帮助我，生活上也给予我无微不至的关怀。正是有了岑老师不断的鼓励和鞭笞，2005 年完全由我自己主笔的第二篇论文《对大学生自主学习开发创新潜力的思考》诞生了，经过岑老师和柳杨老师的建议和修改，再一次被 2005 年教育技术国际论坛会议录用。收到录用通知的那一天，岑老师高兴得就像孩子一样，见到所有的老师和同学，都是含着收都收不住的笑意。在以后的日子里，我又发表了一篇论文《网页设计课程教学改革尝试》，陆续主持了学校的三个代表网站的建设等几个学校的科研项目。由此，我也成为了浙江科技学院第一位在国际性学术会议上发表论文的本科学生。教育技术学系也因此开启了实践教育的浪潮，很多同学开始尝试岑老师的实践教育模式，论文获奖、多媒体大赛获奖、主持学校科研项目、申报省级新苗计划等，如雨后春笋般冒出来。科技学院的学生论文，几乎有一半是由教育技术学系的学生发表。另外岑老师为了鼓励大家实践，特别匀出半间自己的办公室，给我们作为试验基地。在这里诞生了太多后来获奖的作品。

独立自主，调节心态。大四的实习期，对我们所有人都是一场考验。很多同学是想靠老师找实习单位，很多人天天沉浸在虚拟的网络游戏中。这一刻，岑老师再次提醒我："走上社会之前必须要独立自主，今后的路要靠自己。"因为岑老师的激励，我同时去投递了 20 几份简历，通过不断地面试、复试，我锻炼了自己的表达能力和应变能力，最终我在杭州华数数字电视找到了实习的工作。正是因为岑老师每次在关键时候对我的提点，才造就了现在的自己。

2. 章国栋感悟

在大学本科期间，前两年过得非常的无趣，既没有学习目标，也没有人生理想，更不知道将来要做什么，后悔自己浪费了整整两年的时间。然而，在大三的时候，转折点出现了——在岑老师的指导下，我参加了他的开放型实验教学项目。在这里我学到了学习的方法，将学习应用于实践，又要用实践来印证自己学习的正确性，这让我受益匪浅。毕业后，我也一直将这样的思想应用于再深造及相应的工作。在岑老师的项目里，我体会到了分享知识的快乐，跟同学一起分享一些新知识、新技术。这样的快乐氛围一直延续到现在，经常在学习完新知识后，跟其他同事开开分享会等。在岑老师的项目里，还学到了团队的重要性，在团队里经常可以头脑风暴，这样可以把项目做得更精致、更全面。俗话说得好："一根筷子轻轻被折断，十根筷子牢牢抱成团。"

3. 陈洁感悟

我认为一个人在学校，所受的应该不仅仅是知识的教育，更重要的是人的培育，品德、品性的提升。我认为实践教学活动带给我们的提升有以下几点：

（1）沉稳：实践中遇到问题，百思不得其解，其他同学在外面打球，我们在里面挠头搔耳，你有没有这样的体会？调试一个程序，出错了一整天，看一看朝我们微笑后继续游戏的同学，有没有感受到无助？但静下心来，重新分析，拨云见日，豁然开朗，是否又有这样的经历？佛家的话说就是心如止水，我们俗话称"不骄不躁"。在实践教学活动中不断遇到问题、挖掘问题、探索问题，便是沉稳的提升。

（2）细心：写 JavaScript（一门网络脚本语言），句末漏掉一个分号，是不是让我们分析错误好半天？再举个简单例子，小数点前面五个零和小数点后面五个零，那么公式再对，逻辑再正确，最后计算的结果还是错的。所谓"差之毫厘，谬以千里"便在于此，大到卫星火箭，小到螺钉螺帽。实践教学活动不像课堂解题，我们不仅仅是解决一道问题，而且对整个项目、所有遇到的实际问题进行剖析，不断地细心检查，不断地小心求证。但是细心不等同于认真，认真只能把事情做正确，细心是把事情做好。细心才能发现问题、解决问题、避免问题。在过程中提升的正是细心。

（3）积极：何为积极？我理解为自发性，自发性地学习。有个比喻很好，学习就好像找吃的，肚子饿了，学得不够，要自己给自己找吃的。正是如此，基于兴趣而展开的教学实践活动过程中，会发现很多应用不够，知识不足，理解不深，自发地去寻求一个解答，去钻研一个问题，积极不言而明。

（4）大度：为何会有大度？举个例子，隔壁同学做错了题目，会不会影响你的考试分数？不会。但是实践教学活动中往往是好几位同学一起做课题、做项目，同样地，组员犯了错，会不会影响整个课题项目？会。那么你会选择嘲笑、抱怨，还是选择理解、帮助？我们只是凡人，谁也不能保证永远不犯错。子曰"君子坦荡荡""己欲达而达人"，实践的过程中不仅仅是相互间的帮助，也是对犯错的理解、对他人的豁达，这不就是变得大度么？

（5）担当：理解为敢于认错，不怕改正。举个例子，课题项目没有在预期计划的时间内完成，"他的调研太慢，花了一半时间，导致我后续的界面设计时间不够""他的设计不行，界面换了好几次，改了又改，导致我的程序也跟着修改""他的程序不好，写了半天没写出来"……那么换种说法"这是我的错，他在调研的时候，我没有先做能做的程序功能""这是我的错，他的程序实际上和我的界面设计可以同时进行，功能与界面分离""这是我的错，他的界面之所以改了又改是因为我当初提的需求不够清楚"……其实在实践教学活动中，出现错误很多，敢于认错，有担当，并且大家一起去探讨为什么会出现这样的错，错的原因是什么，如何在以后的实践当中更好地避免这种问题。"过则勿惮改"，一个有担当的人就会磨练出来。

4. 郑武江感悟

如今在职场打拼的我，不禁回想起大学校园里，职业技能萌芽的那些日子——那些参与开放型实验教学活动的日子。

那是大学三年级的时候，同学们都开始拼组做项目，参加各种竞赛。一来把自己所学的知识技能应用到实际项目中；二来为毕业做准备，为就业打基础。我很幸运地加入到了《基于网络学习的过程化管理监控系统设计与开发》项目，更为重要的是这个过程让我们学到了很多有用的东西，在现在的工作中乃至一辈子受用的东西。在岑岗教授的指导下，我们确定了项目的最终目标和实现方案。这就好像在后来的工作中制作一个产品，首先要确定好产品的定位，做出完整的产品设计文档。当然在商业环境中，我们还需要准备详细的商业计划书等。这一环节其实很重要，因为它直接决定了项目的发展方向，甚至决定着整个项目完成后是否有价值。

一个完整项目的产出必须要有各个不同角色的配合才能完成，这就是工作中所处的团队。而所谓不同的角色，便是我们现在工作中常常涉及的产品经理、视觉（交互）设计师、前端开发工程师、后端开发工程师、测试工程师，乃至运维人员。当然，我们的项目团队没有这么强大，仅仅分工为前端和后端，也许指导老师可以定位为产品经理。

开放型实验教学活动是一个很好的平台，参与开放型实验教学项目是一个很好的机会。课堂上学到的终究只是理论，而每个人的理解和认知能力不同，对理论知识的吸收很可能会存在偏颇，所谓实践是检验真理的唯一标准，只有付诸实践才能真正理解我们在课堂上学到的知识，只有真正理解了才能将死记硬背的知识化为己有，才能举一反三，才有可能创新。而开放型实验教学活动正是一个提供参与实践项目的大舞台。让我感到最值得回味和感恩的不是工作给我带来了多少回报，而是开放型实验教学项目引领我走上了现在的职业道路。

最后，跟大家分享一些我的个人心得。第一，永远不要嫌自己的知识太多，有空的时候能学就多学；第二，作为开发人员，我们不应该太过于关注结果，更应该深入其原理，所谓透过现象看本质；第三，永远不要将商业开发和学术研究做比较。商业开发更多是为了解决问题、创造利益，而学术研究更应该挖掘背后的原理。

5. 李荣存感悟

大一时，我参加了学校的勤工助学，主要负责在专业实验室辅助管理、打扫实验室的卫生等工作。某天的下午在打扫实验室的卫生时，被几名学长在计算机上做的东西吸引了，他们在做一个动画的模型，当时就很好奇，怎么会如此有趣。回去查了下资料，原来是三维动画中的一个环节，就是这样的一个契机，开始了我的动画设计生涯。

该如何进行？该如何开始？自学吗？从哪里开始呢？我找到了本专业的林雪芬老师，向她请教如何学习这些东西，从她那里我了解到了如何进行学习。于是在大二的那一年，我跟随学长学姐的课程，开始了动画的学习，就是在这一个学期，我在学长们的课堂上积极听课，课下积极做作业，慢慢觉得自己有了进步，于是产生了开始制作一个动画作品的念头。但也是一头雾水，召集小伙伴，很多知识点不知道，缠着老师寻求解决方法，就这样在大二的暑假，我参加了浙江省大学生多媒体作品设计大赛，意外的是获得了三等奖，从那天起，我就觉得自己需要更加地努力，更加地刻苦，不仅仅局限于自己专业学习的内容，同时还去学校的动画专业旁听、去与相关专业的同学交流分享，想让自己的这份兴趣、老师的这份栽培得到更好的结果。

为学生更好的进行实践，系里将专业实验室管理改为学生自主开放性管理模式，为学生们实践提供了良好的环境，我主动承担了实验室的管理工作。

有了基本的技能后，我更加疯狂，参与了很多的开放性实验，里面很多是关于三维动画、虚拟环境的设计，让我更多地接触社会的项目案例，明白了真正的实力是要更加贴合教学实践，在实践的基础上创造更实在的东西。大三一年虽然没有参加比赛，但是我在提升自己的能力，功夫不负有心人，在大四那年，被一家电影制作公司看中，有幸参与了寰亚首部动画电影，有幸结识国际动画制作人才。像《忍者神龟》《铁臂阿童木》等电影的制作总监，动画师可以一对一地进行指导，进步飞快。后来进入游戏行业，因为前面的积累，也是一路平坦，后面也是有幸参与研发制作腾讯主推的次时代游戏《火源计划》。这些成绩和效果的起点都在这个实践基地，在那个兴趣点的开始处。

6. 夏剑雄感悟

在入学初，耳濡目染各位高年级学长获得的各项成果和他们所取得的傲人成绩。这些成绩给他们日后的学习和工作带来了巨大的好处，令人崇拜羡慕，并为之发奋努力。

我真正参加开放型实践教学是从本专业教师莫云峰老师开设的 Web 设计课程开始的。兴趣所致，我选择了自身感兴趣的 Web 编程方向。通过一段时间的学习，我对选择的方向有了些许想法，有想法就付诸行动，之后我便向经验丰富的老师探讨自己"天真"的想法是否可行。找一位指导教师帮助提供一些意见和建议，比自己一个人空想摸索更有实效。踏入了开放型实践教学的大门，我觉得更重要的是挖掘自己的兴趣，因为兴趣是日后从事研究、参加比赛的动力源泉。

在大三学期的开始，我才接触到了一些校级科技创新项目和学科竞赛，如新苗、春萌计划，也饶有兴致地拿着自己的一个项目去报名参赛了。新苗计划的项目被学校入选并送到省里，可惜最终被刷了下来。我没有因为这个而放弃对项目的坚持，而是进行了一些更多的拓展。之后，我去申报了大学生电子商务大赛、"蓝桥杯"创业大赛，参加了浙江省第八届"挑战杯"大赛。出乎意料的是，"挑战杯"和"蓝桥杯"均获得了省二等奖的不错成绩，电子商务大赛获得省三等奖。在参加"挑战杯"前，我主动找到了岑老师，要求他当我们的指导教师，但是因为其他组"捷足先登"，我们错失良师，但是后来我们还是得到了岑老师的热心指导，并取得了一定的成绩。而后我们进一步参加了实践教学活动，撰写了基于 Web 的开放型实践教学相关的论文，并被 EI 检索，这是我在大学期间最引以为豪的事。

开放型实践其实就是教师搭建一个环境，提供一个好的平台，让参与者在良好的氛围中，快速学习，共同进步，在参与中认识到团队协作的重要性，在关键节点得到适当的引导。

最后的成功与否，关键还是需要看自己能否坚持，方向是否正确。不过总而言之，收获是一定会有的，深或浅，多或少。从实验室拓展到实际工作中，我们会发现，我们只是换了一个环境，换了一批合作的队员，从实验室学到的学习方法、为人处事都可以完全应用在日后的学习及工作中。

我从实践教学中深知沟通的重要性，所以就本人目前从事的新闻类工作而言，在与同事搭档时要注重工作的配合，任务设计中能够较好地交流自己的想法和见解，向领导汇报工作情况时能做到及时有效。

我通过参加开放型实践教学，体会到教师、学习环境、伙伴、自身几个因素的重要性。在教师的引导与鼓励下，在一个良好的实践环境中，在学习伙伴的影响、帮助、合作下，同时在自己的坚持、勤奋与努力后，最终一定能有不少收获。

五、结语

创作室为学生和开放型实践教学活动提供了项目学习实践教学的良好环境，让很多学生受益，学生的综合能力有了很大的提高。他们取得的成就及自主管理模式，也坚定了课题组老师们不断增加建设创新基地，不断进行宣传推广的信念，让更多的学生受益。

在创作室中学生们自由组队，协作学习、主动学习，在这里涌现出不少实践活动的佼佼者，不断创作出优秀的项目设计作品。创作室为开放性实践的同学们提供了一个多媒体作品设计实践的良好环境，还有一些其他专业的同学也参加了项目学习实践。

7.1.3 案例3 兴趣小组——学生计算机兴趣学习小组

一、基本介绍

2008年6月课题组提出了工程教育环境（CDIO）下开展的"四步曲"开放型实践教学活动。计算机学习小组就是课题组在理学院推动的第二个自主学习小组（学生自己取名为"Shadow"）。课题组在组织了2008级信息与计算科学2班的翁彬彬、1班的杨仲谋和3班的何江项目实践学习小组并取得了经验后，将这种实践教学模式在同学们中进一步推广。一个偶然的机会，2009级应用物理专业的汪飞同学找到课题组的老师，表示想要学习项目开发。考虑到汪飞同学的基础较差，老师动员他在2011级新生中组建一个计算机兴趣学习小组，从头开始进行项目学习。

计算机兴趣学习小组的建立，汪飞同学起了很大的作用。通过在2011级新生QQ群中进行宣传，为新生提供一些入学前的咨询之余，他还有意识地宣传了自主学习、项目学习、实践学习的一些情况，为计算机兴趣学习小组的组建打下了良好的基础。2011级的韩佳平、方益、茅梓城、姚亚峰、卫少峰、林静，2012级的戴唯、汤博建、钱佳颖、李卓浩、张玉琦、周婷婷，2013级的陈璇、方泽文、王斌斌、余威一、高云、彭德垣等，都是兴趣学习小组的成员，华益峰、牟正洋等2014级同学进入大二，从安吉到小和山校区，也加入到兴趣学习小组。学习小组组建后学习活动频繁，经常组织一些集中学习基础知识的活动，参加开放性的实验，通过完成一定的项目任务，丰富自己的知识，提高学习设计能力。学习小组邀请信息学院的莫云峰、唐伟等老师作为指导老师，邀请了省内外专家进行交流指导，邀请部分杰出校友回校指导。小组的活动采用了学生自主开放型项目学习的形式。自主性包括项目内容、指导老师、学习伙伴的自主选择。开放性是时间、环境与管理的开放，这是学习小组活动的主要特色。通过开放性实验、科技创新项目实践、学科竞赛实践、成果收获总结的"四步曲"实践教学活动提升了学生的综合能力。

计算机学习小组成员有中途放弃的，也有一路坚持的，坚持下来的同学在组织、设计、制作、学习等方面的能力都有所提高。

二、主要成员

1．汪飞：2009级应用物理专业学生，理学院计算机兴趣学习小组

（Shadow）创始人和第一任负责人。在自主学习软件开发后，主持学校大学生科技创新"春萌计划"项目，参加浙江省大学生科技创新"新苗计划"项目"学生原创视频展示与学习交流平台"。2012 年作品《大学生文化社团网站建设》参加了浙江省大学生多媒体作品设计大赛。

2．韩佳平：2011 级信息与计算科学专业学生。理学院计算机兴趣小组（Shadow）第二任负责人。2012 年获浙江科技学院理学院首届"璀璨之星"称号，2014 年获浙江省除浙江大学以外唯一的"宝钢奖"奖学金，浙江省优秀毕业生。分别主持了浙江省大学生科技创新活动计划"新苗人才计划"项目"学生原创视频展示与学习交流平台"和国家级大学生创新训练计划项目"农村网购物流一体化服务系统"；参加了浙江省"新苗人才计划"项目"基于网络的互动型自主学习平台设计"和"基于威客模式的工业产品展示与交易平台"。作品《村落速达运购服务系统》获浙江省大学生电子商务竞赛二等奖；作品《运购公司农村网络购物服务系统》获浙江省大学生服务外包创新应用大赛三等奖；作品《杭州村落速达服务有限公司》获浙江省"挑战杯"大学生创业计划竞赛三等奖；网站作品《社趣网》获校多媒体作品设计竞赛二等奖，并推选参加浙江省竞赛；获全国大学生数学建模竞赛省一等奖；获国际数学建模竞赛三等奖。撰写了《基于威客模式的工业设计产品平台的构建》《高校学生原创视频展示与学习交流平台的设计》等 5 篇论文。

3．方益：2011 级应用物理学专业学生。理学院计算机兴趣学习小组（Shadow）主要成员。曾任班级组织委员，校优秀毕业生。参加自主设计性项目：Shadow 计算机协会网站；主持浙江省大学生科技创新活动计划（新苗人才计划）项目"基于网络的互动型自主学习平台设计"。作品《作品展示网》获浙江省大学生多媒体作品设计竞赛三等奖；2013 年网站作品《爱秀网》参加全国计算机设计大赛；作品《杭州村落速达服务有限公司》获浙江省"挑战杯"大学生创业计划竞赛三等奖。撰写了《自主式虚拟学习平台的设计与实现》等 3 篇论文。

4．茅梓成：2011 级信息与计算科学专业学生。理学院计算机兴趣学习小组（Shadow）主要成员。任班级团支部组织委员。2013 年获浙江科技学院理学院第二届"璀璨之星"称号。2014 年参加交换生项目被选拔去德国学习一年，浙江省优秀毕业生。主持浙江省大学生科技创新活动计划（新苗人才计划）项目"基于网络的工业产品设计展示平台建设"，参加了"基于网络的互动型自主学习平台设计"等项目。网站作品《衣恋》获中国大学生计算机设计竞赛网站设计类二等奖；作品《橙果秀》获浙江省大学生多媒体作品设计竞赛网站组一等奖；作品《杭州村落速达服务有限公司》获第九届浙江省"挑战杯"大学生创业计划竞赛三等奖。撰写了《基于网络的工业产品展示交流平台设计》等 3 篇论文。

5．**陈璇**：2013 级信息与计算科学专业学生。理学院计算机兴趣小组（Shadow）成员，2015 年获浙江科技学院理学院"璀璨之星"称号，2015 年获浙江科技学院"年度人物"提名奖，2016 获浙江科技学院"年度人物"奖。2014 年大一起就主持和参加国家级大学生创新训练计划项目"响应式自助微课学习平台设计"等 4 项；参加浙江省大学生科技创新活动计划（新苗人才计划）项目"基于 Android 的四步曲项目教学平台"等 3 项。网站作品《'心旅'大学虚拟社区平台》和《基于四步曲的'教+学'平台》分别获 2016 年中国大学生计算机设计大赛二等奖和三等奖；网站作品《每十云课堂》获 2015 年中国大学生计算机设计竞赛浙江省赛区三等奖；网站作品《每十每课》获 2014 年第十三届浙江省大学生多媒体作品设计竞赛网站类二等奖；作品《24 号便利中心》《快易达》均获得 2016 年第二届浙江省"互联网+"大学生创新创业大赛铜奖；参加浙江省大学生物流设计大赛获校一等奖等。撰写了《响应式自助微课学习平台的设计》等 6 篇论文。

6．**方泽文**：2013 级信息与计算科学专业学生。理学院计算机兴趣小组（Shadow）成员。2015 年获浙江科技学院理学院"璀璨之星"称号，并获得浙江科技学院"年度人物"提名奖。主持和参加浙江省大学生科技创新活动计划（新苗人才计划）项目"互联网+合成模式下智能出租匹配系统"等 4 项；参加了国家级大学生创新创业训练计划项目"基于响应式的自助微课学习平台设计"等 2 项，还主持了校级项目。网站作品《学数网》和《"心旅"大学虚拟社区平台》分别在 2015 年和 2016 年获中国大学生计算机设计大赛获二等奖，作品《Eureka 个性化学习平台》获 2015 浙江省大学生多媒体作品设计竞赛省二等奖。作品《24 号便利中心》《快易达》均获得 2016 年第二届浙江省"互联网+"大学生创新创业大赛铜奖；2015 年还参加了全国大学生数学建模大赛，作品《"互联网+"时代的出租车资源配置》获浙江省三等奖。其余校赛各类奖项 10 余项。撰写了论文《响应式自助微课学习平台的设计》等 2 篇。

7．**王斌斌**：2013 级信息与计算科学专业学生。理学院计算机兴趣小组（Shadow）成员。2015 年获浙江科技学院理学院"璀璨之星"称号，并获得浙江科技学院"年度人物"提名奖。主持 2015 年浙江省级大学生创新训练计划项目"基于微信与 Web 的大学数学微课教学平台设计"，参加 2016 年国家级大学生创新创业训练计划项目"基于大数据的双向自适应学习平台"和浙江省大学生科技创新活动计划"互联网+合成模式下智能出租匹配技术"。网站作品《学数网》和《"心旅"大学虚拟社区平台》分别在 2015 年和 2016 年获中国大学生计算机设计大赛获二等奖；作品《Eureka 个性化学习平台》获 2015 年第十四届浙江省大学生多媒体作品设计竞赛省二等奖；2015 年参加全国大学生数学建模大赛，作品《太阳影子模型》获浙江省三等奖；作品《用户体验对于打车软件消费行为选择的影响研究》获浙江省第四届大学生统计调查方案设计大赛三等奖。撰写了论文《个性化高等数学慕课学习平台设计与实现》1 篇。

三、实践成果

计算机学习小组成员有中途放弃的，也有一路坚持的，在实践过程中，坚持下来的同学在组织、设计、制作、学习的能力都有所提高，学习小组实践成果不断涌现。

2012 年到 2016 年这 5 年中，学生获得国创项目 4 项、浙江省新苗人才计划项目 8 项、"春萌计划" 20 余项。获得设计、制作和开发型类的全国高校大学生学科竞赛奖 4 项，省级 A 类学科竞赛 10 项（其中一等奖 1 项）。共撰写学术论文 18 篇，其中 EI-C 收录 6 篇，核心期刊收录 2 篇。

四、学生感悟

1. 汪飞感悟

我一直认为大学里最重要的一件事就是找到自己的兴趣所在，并且为之努力。很庆幸，在我的大学生活中，在我的 Shadow 小组里找到了自己的兴趣。实践是验证真理的唯一标准，我在这里付出了努力，也获得了意想不到的收获。

曾经年少的我也和大多数人一样，奔赴在游戏与床的两点一线间，日复一日。对游戏的热爱沉迷仅仅是因为对生活没有切实的目标，对学校课程理论多于实践的安排提不起兴趣而已。然而生命里总是有无数的巧合，一次偶然的机会，我看到岑岗老师在找人做教学软件平台的开发项目。上过 C 语言课，觉得编程很有趣的我便主动找上门，要求参与。很快我与岑老师一见如故，随着学习的深入，我体会到的乐趣和成就感与日俱增，我立马意识到计算机就是我未来兴趣和动力的来源。就这样，我坚持了下来，直到今天，毕业后的我成为了一个"学物理的前端工程师"。

岑老师和我商量准备组织一个计算机学习小组，让新生一进来就接触网站开发，一方面可以培养一些竞赛人才，另一方面也是为了丰富新生的课余生活，多学点技术。我当然坚决拥护，这让我有了更多的学习伙伴，对于新生来说也有诸多好处，大家在一个浓郁的学习氛围内一同学习，互相激励，互相进步，岂不美哉。

在新学期开学后的一个月左右，计算机学习小组"Shadow"终于正式成立了。最开始的人员数一度达到了实验室所能容纳的上限。虽然在一路过关斩将后最终只剩下几个小学弟坚持了下来，这不能排除我个人在这个过程中的不尽职、不到位，毕竟第一次管理兴趣学习小组，方法、技巧都有所欠缺，不能很到位地起到引导及带动作用。

我在管理 shadow 计算机学习小组的时候，并不是一个称职的领导，但是韩佳平、方益和茅梓成三个高大威猛、英俊潇洒、风流倜傥的小学弟还是很让我自豪。长江后浪推前浪，我作为一个资质平庸又不够努力的学长，早已被这三个小学弟超越，并大有把我拍在沙滩上的趋势。如今，他们三个都获得了很不错的成绩，竞赛获奖、发表论文、出国留学，他们的成绩已经能列出一个长长的单子。我由衷地为他们感到骄傲，为我们因学习小组相识而感到庆幸，相信他们自己应该也会为这三年的成绩打个高分吧。

2. 韩佳平感悟

兴趣是最好的老师。开放实践虽然可以提供良好的实践环境、指导老师的指引、学习伙伴的互相帮助，但归根结底还是要靠自己，而对我而言，自身兴趣是最大的动力。依稀记得刚开始的时候，参加开放实践的有 50 多人，但是很多人因为不感兴趣、觉得无聊而放弃，到最后只剩下几个人继续学习，而我们坚持下来的人，或多或少都取得了一些成绩。有时候，只有坚持下去，你才能收获成果，只有付出，才有回报。

回忆起来，在实验室进行实践学习，应该是我大学中最快乐的时光了。学习网页设计刚入门的时候，由于从零开始，有很多需要学习的地方。我很感激汪飞学长，是他领我入门，和我一起在实验室学习。我们经常学习到晚上 10 点才踏上回寝室的路，有时甚至需要"跳窗"才能回去，因为那时候 A4 楼的门已经锁了。也正因为如此，我的能力有了比较大的提高，为以后主持、参加项目打下了基础。

在经过一段时间的学习后，我有了一定的制作网页的能力。院长老师就鼓励我和汪飞申报项目。说实话，我那时候感觉自己学得半斤八两，根本没什么能力去申报项目。经过多次修改申报书，我的项目最终被确定立项。就这样，我揣着半桶水开始了主持项目。后来，我还陆续主持了省新苗计划和国家级创新创业计划，对我来说，主持项目是一个团队的工作，也是锻炼能力的极佳机会。申报项目需要的是文学功底，比如项目的整体规划，当然最重要的是对创新的把握；而实现项目就需要你不断深入，克服困难。这两个过程相辅相成，能够很好地提升自身的综合能力。

在进入大一下学期之后，我逐渐成为了实践项目学习的负责人，这是一种独特的体验，也提升了我的管理能力。我既是实践活动中的学习者，也是与指导老师一起，组织学生开放型实践活动的管理者。这种双重的身份大大提高了我的自主管理能力和组织能力。而这过程中的学生管理学生，"老生"带"新生"

的实践学习模式，在我看来是开放型实践学习最优秀的地方。

到了大二的时候，导师鼓励我尝试一下撰写论文。第一次听到这个建议的时候，我有点不敢相信，因为我觉得论文这种东西应该是由专门的研究人员撰写，而我更像一个做技术、项目的人。他说，没关系，你完全可以把自己主持的项目的构思写成一篇论文，你有这个能力。他还给我看了几篇以前学长写过的论文，看过那些论文之后，我发现自己真的也可以。于是，经过和岑老师的讨论并反复修改之后，我写下了人生第一篇论文。有了第一次的经验，后来的论文就有点水到渠成的味道，我先后撰写了四篇论文。这些论文，更像是对实践项目的提炼和升华，把实践项目从技术转变为理论。

在开放型实践学习的过程中，我学到了很多东西，这些东西不仅仅是技术，更多的是一种能力，自学能力、动手能力等等。这些是我进行开放型实践的最大收获。

3. 方益感悟

在大一的时候，我加入了 Shadow 计算机小组，计算机小组是个很厉害的小组，小组的创始人汪飞学长是个计算机高手，我跟他学到了很多东西。大一的时候我还是什么都不会，从最基础的 HTML 和 CSS 开始，通过自己动手实践和学长的指导，我很快就掌握了基本的操作。后来我们要用到 Web 服务器的程序语言，当时我们选择了 PHP，原因是考虑到 PHP 容易上手且门槛没那么高，但是毕竟也是门程序语言。刚开始还真有点摸不着头脑，现在想起来很简单的问题当时困惑了我好久，Cookie 和 Session 的区别，直到在试着用它们的时候通过上网查找文档和动手才解决了这个困惑，我觉得这个例子应该算是"实践"二字最好的注脚吧，通过动手解决问题并学到有用的知识。

在实践的道路上我学到了很多东西，不仅有知识上的也有知识外的，比如，如何分配好自己的时间和精力、如何管理好自己的情绪、如何与他人合作等。大二的时候我申报了新苗计划，并且成功地立了项，申报项目的初衷是为了能有个平台检验我自己的学习能力，同时通过项目制作提高自己的能力，这两点也如愿以偿，通过项目的申报和制作我学到了很多东西，有很多是通过课本学不到的，我很感谢有这么一次机会。大二的我还参加了学科竞赛，因为时常听岑老师说要将成果最大化，我就在之前项目的基础上将网站做了改变，参加学校选拔赛的时候得了一等奖，当时我还是有点开心的。后来，作品被推荐参加了浙江省大学生多媒体作品设计竞赛，获得了省三等奖，我想当时即使没有获奖我也会很开心，因为过程远比结果重要。

大三，大学生活已经过了一半，因为之前听到一个学长说到他正在做微信营销，我就对此很好奇，微信营销到底是什么东西。后来不经意间发现微信的公众平台可以通过 PHP 开发,这不就是我们最熟悉的伙伴吗？我很快申请了一个公众账号,并且切换到了开发者模式,并在网上买了一个服务器空间,用来运行我的 PHP 程序。经过努力,我的公众平台具备了查课表、考试、成绩、周围的小吃、公交、图书馆藏书的功能。但尽管功能如此齐备,我的账号的粉丝还是只停留在三位数,不过这也没什么,因为通过微信平台的开发,我也算是了解了微信营销是什么,最关键的是收获了快乐,因为我做这件事是没有目的的,纯粹是为了开心。到后来,由于粉丝数一直没多大提升,也渐渐不去更新它了,但无论怎样,我十分享受这个过程。

总地来说,在实践的道路上我成长了很多,也学会了很多,我找了志同道合的伙伴,也找到了自己的方向。在实践的过程中,我有如下感悟：

（1）要善于找伙伴。大学校园不缺某个出色的人,他们可以是老师,是同学,和谁在一起将影响你,甚至决定你是什么样的人。

（2）要脚踏实地。世界上最不缺的就是想法,但是缺少的是实干,脚踏实地的实干才是最重要的。

（3）要学会沟通。和学长和老师的沟通总能让我深受启发,沟通能带来新的想法。

四年的时光既短暂又漫长,感谢 Shadow 计算机实践小组,感谢我的老师和同学,是实践让我成长。

4. 茅梓成感悟

我从小就对计算机十分感兴趣,在高考后填报志愿的时候,我选择了信息与计算科学这个专业。但进了大学才知道这个专业是数学的分支,虽然数学本身是我的专长,但是大学数学中各种复杂而又烦琐的定理和题目让我对数学失去了兴趣,逐渐产生了恐惧感,也让我对自己的前途感到非常迷茫。进入大一下半学期后,已经没有了刚进大学的新鲜感,我觉得该找些自己感兴趣的事情来做。一开始我加入了 TOP 摄影小组学习视频剪辑,但后来发现这并不是我的兴趣所在。这时我遇到了同年级的韩佳平和方益,在他们的影响下,我加入了由岑岗等老师倡议,同学们自己组建的开放型实践小组——计算机兴趣学习小组,重点学习网页设计与制作。

初次学习网页编程的时候,我发现自己动手做网页比想象中困难太多,许多现在看来十分简单的问题在当时束手无策。于是我跑去问老师,但是大学老师跟高中老师有比较大的区别,大学老师只会给出一个解决问题的思路,需要自己动手去实践。那时我不太适应这样的环境,曾经有过放弃的念头。幸好有计算机兴趣学习小组创始人——2009 级的汪飞学长,他帮助了我许多,让我觉得做网页不再是那么遥不可及。后来,实验室经常会有我们四个人在一起学习、实践的身影，同时也会在一起活动玩耍。

　　进入大二，韩佳平和方益都申报了自己的春萌、新苗项目，同时撰写了自己的论文。由于当时我对自己的实践能力还存在质疑，没有去申报项目，只是在方益项目参加人员中挂了一个名字，现在想想有些后悔，正如岑老师所说的申报项目、写论文要越早越好，到了后来就不一定有时间去完成这些事。

　　大三是大学中最忙碌的一年，同时也是收获颇丰的一年。参加省多媒体设计竞赛是我重拾信心的转折点。当时岑岗老师建议我请唐伟老师做我的指导老师，唐伟老师在多媒体竞赛方面有很丰富的经验，他向我推荐了另一位做美工设计的同学做我的助手，有了这些因素才有了我后来取得的成绩。为了参加比赛，需要在规定时间内完成网站，那时候我基本上整天都待在实验室，直到A区要关门了才不得不回寝室，回到寝室还要挑灯敲代码。终于功夫不负有心人，虽然比赛过程中存在一些波澜，但最后还是取得了不错的成绩。之后在岑老师的悉心指导下，我申报了自己的新苗项目，还撰写了关于获奖网站的设计论文。到了后一个学期，在兴趣实践学习组另一位指导老师汪文彬老师的指导下，我报名参加了中国大学生计算机设计竞赛。由于有了参加多媒体竞赛的经验，加之又有一位服装设计专业同学的加入，经过学校、省推荐赛竞争，被推荐参加全国竞赛。2014年7月在东北大学举行的中国大学生计算机设计大赛中，取得了不错的成绩。这一路一步步走来，从校级比赛到省级比赛，再到国家级比赛，作品的创新是至关重要的。创新使作品富有生命力，能使评委感受到你们要做好一个网站的态度和毅力，也能体现网站特有的价值。由于我对国外留学的向往，恰逢我们学院与德国德累斯顿工程和经济应用技术大学有个学生交流项目，我报名参加了该项目，并且顺利通过了德国教授的笔试和面试。当时德国教授问了我一些有关数据库方面的应用,恰巧在网站开发中我有用到数据库的内容，德国教授比较看重学生的技术应用能力，于是就选中了我。我感到十分荣幸的同时，也感激开放型实践教学活动，使我的这些能力得到锻炼和提高。

　　回想起参加开放型实践的时光，感觉时间流逝得飞快。虽然牺牲了轻松休闲的大学生活，但是现在我更愿意享受那些刻苦奋斗的回忆，它能让我追求卓越，不断进步，积累人生道路上宝贵的财富。参与实践就是一个不断学习的过程，重要的是经历了奋斗的过程，磨练了自己的意志，使自己的技能得到了提高。正视现在的工作，正是这份宝贵的经历与所学的内容让我更加自信地前行。

　　找到自己的兴趣所在。"兴趣是最好的老师"，兴趣能使你富有激情地去做好并享受着眼下的事，而且完成得比想象中更好。或许有人会说玩游戏就是我的兴趣，这并不是一种兴趣，只能是作为一个消遣的活动。兴趣是以需要为基础，它应当作为人生的一种导向，如果你从事有关于兴趣的职业，那你将是幸运的。

5. 陈璇感悟

进入大学新生群的时候，我就主动向班主任汪文彬老师请教了我们信息与计算科学专业是学什么的。他回答说，既学数学知识，又学计算机知识。我就向汪老师表达了我对计算机的热爱，提出了一些关于计算机方面的问题，比如：我应该先学 C 语言还是 C++，又或者是 Java？汪老师回答我说：你对计算机这么感兴趣，那就等到学校之后我们再当面交流交流，之后再确定今后学习的方向。

在刚开学的一周内，我就被理学院的众多学长学姐介绍加入这个社团，对于一个对大学生活全然无知的我来说，这些都像"天书"一样摆在我面前。但在一次偶然的机会下，岑岗老师在 A4-318 室向我们新生介绍了计算机兴趣学习小组：TOP 兴趣学习小组是制作 DV 的，Shadow 兴趣学习小组是开发网站的。我一听介绍，内心之中就有了一股加入的冲动，之后，我向 Shadow 兴趣小组的负责人韩佳平学长询问了 Shadow 小组平常主要是做什么的。韩学长回答我说："我们主要是做一些网站类型的实践与创新，参加一些科技竞赛并撰写相关学习报告、论文等。"

终于，第二天，我清楚地记得在 A3-114 室（那条短信我至今还保留着：明天下午 3 点 Shadow 招新仪式在 A3-114 室举行，有兴趣的同学可以来报名参加）发生的一切。那天，岑岗老师向我们介绍了韩佳平等学长在 Shadow 兴趣学习小组的学习成果（校级、省级、国家级竞赛获奖，发表多篇学术论文等）。我们也听了韩学长对在 Shadow 学习的感受。他们对我来说，就像人生新阶段的启蒙老师，带我走进了大学的殿堂。那天有 60 多位新生报名参加 Shadow 兴趣学习小组，之后我们都在 A4-316 室的机房里初步学习网站开发的基础知识，从此，我走上了计算机学习的道路，并以韩学长为目标，确定了大学的学习方向。

经过近半年不断的努力学习，岑老师也时刻观察着我们的学习状况，他建议我们尝试申报校春萌计划。我与高云、董研一起组队，成功申报校春萌计划"筑梦支教平台的设计与开发"，并在项目实践过程中不断积累经验。有了第一次的宝贵经验，在之后的一段时间里，我主持参加了省大学生多媒体设计竞赛，微课学习平台作品"每十每课"获网站类校一等奖，并被推荐参加省赛。在经过一段时间的修改后，作品"每十每课"获浙江省大学生多媒体作品设计竞赛二等奖。之后我又申报了浙江省大学生科技创新活动计划（新苗人才计划）项目，可惜申报并没有成功，不过这对于具有坚定意志的我来说，只是一个小小的失败，我坚信我会在这条道路上走得更远。果然过了不久，岑老师对我说："在 Shadow 学习小组这么多同学之中，我观察比较下来，你还是比较沉稳与努力的，有没有想法申报国家级项目？"我当时一听，心里还在犹豫国家级项目是不是太大，以我现有的水平来说还是有点差距的，但是之后在我与汪老师的交流过程中，汪老师给我指明了近期学习的方向，于是我下定决心申报试试。在岑老师和汪老师的指导下，我写了申报书，并多次修改，最终成功申报了国家级创新项目"响应式自助微课学习平台设计"。

之后的学习历程中，我也参考当初韩学长的目标，分别参加了省"互联网+"设计竞赛、省大学生电子商务竞赛、省"挑战杯"大学生课外学术科技作品竞赛、全国大学生计算机设计大赛等。

在 Shadow 兴趣学习小组的这段时间，我以学长为榜样，按照自己的学习计划，听取老师的指导意见，渐渐成长为一名具有一定实力的老师心目中的好学生。

如今即将毕业，我从一个稚嫩的高中生蜕变成为一名合格的大学生，学习上积极进取，学习成绩优异，已具备一定的创新能力和实践基础。每次在学习过程中遇到困难的时候，我都会与同学一起讨论交流，吸取他人的宝贵经验，学习他人的创新理念，不断地进步。有了一定理论基础之后，进行项目上的实践与磨练，参加各类科技竞赛，与他人进行知识与技术的较量，从中不断地进步，渐渐地成长。

很感谢学校、指导老师和学长的支持，给我提供了一个良好的学习环境，教导我成才。在比赛过程中通过和他人作品的比较，我认识到了现阶段自己的不足之处，明确了今后将要努力发展的方向，这对我在今后的实践学习上有很大的帮助。

6. 方泽文感悟

记得选择"信息与计算科学"这个专业的时候，我以为这是计算机专业，然而进来才发现这是一个数学专业，当时别提有多后悔了。虽然我数学不错，但是我更想要学习计算机一类的软件技术。当我进入 2013 级新生群时，岑老师为我们介绍了三个在网站制作中有突出成就的学长。其中一个叫方益的学长对我的影响最大，可能因为是本家，但是最重要的是因为他的专业"应用物理学"。当看到一个应用物理的学长在 IT 这个小小世界中如此厉害，我才发现自己是多么的狭隘，专业不能决定你未来走的路，思维才是你走什么路的关键，只要付出努力，没有什么是不可能的。就这样，我摆脱了原本单调枯燥的大学生活，步入了 IT 的殿堂。

刚开始学习过程中，因为一些新奇、小小的页面都能让我欣喜很久，但是随着时间的推移，我开始懈怠，变得浑浑噩噩，原先经常去的实验室都不去了，甚至对 Shadow 有种排斥的想法。汪文彬老师亲自找到了我，和我聊天，并流露出对我的惋惜。只记得我当时双手不自觉地颤抖着，既有对自己当初自暴自弃的后悔，也有对汪老师的感激。当我再次投入 Shadow 小组的学习中时，我发现我和我的小伙伴们的差距也在这段时间拉开很大，我吃力地追赶他们，虽然辛苦却再也没有轻言放弃。

随着学习生活的充实，我慢慢地开始跟上了他们的脚步，可是当老师鼓励我们去参加多媒体设计作品竞赛的时候，对自己技术不自信的我开始打起了退堂鼓。虽然最终还是参加了比赛，但是由于没有系统的学习，在刚开始处处碰壁，心中对多媒体甚至产生了莫名的恐惧，对网站制作伴随着畏惧。和队友王斌斌两个人相互扶持，相互鼓励地进行着多媒体的开发。每个晚上两个人从漆黑的建筑物中出来，或说笑、或唱歌、或讨论。夜晚校园内一条条陌生的路也越来越熟悉，越来越明亮。

三个月的夜以继日努力下，我们的学数网终于完成了，并获得校一等奖，老师们在获知我们的成绩后居然笑得比自己得奖还灿烂，但是由于页面的缺陷，我们最终连省赛都进不了。虽然内心有点沮丧、失落、挫败感，但是我们积极找到其中的问题，并加以修缮，终于作品在参加中国大学生计算机设计大赛中获得了二等奖。我们成长的路上终究会遇到挫折，但是面对挫折一定要有无畏的心，才不会被挫折击倒。

在 Shadow 兴趣学习小组中，我学到了技术、收获了友谊，更重要的是，我学到了很多的品质：坚韧、不服输、甘于寂寞、自信……也许我现在学到的技术随着日后技术的发展，工作中可能无法用到，但是我在 Shadow 学习小组中学到的精神能够让我受用一辈子。

7. 王斌斌感悟

时光荏苒，岁月匆匆，回想过去几年的大学生活，充实而又精彩。还没有入学之前，我对于"信息与计算科学"专业真的是一头雾水，总以为就是搞计算机的。于是，我就在新生群中询问学长关于专业学习方面的信息，一阵沟通之后才发觉，原来是以数学为主、计算机为辅的专业，当时的我甚至怀疑这个专业是否合适自己。

入了学的第一年，凭着 Shadow 兴趣小组辉煌的成绩，班主任汪文彬和岑岗老师吸引有兴趣的同学来参与网页制作的学习，从简单的 HTML 与 CSS 结合的静态网页制作，到后期的动态网页的搭建，从一开始机房里满满的都是人到后来的十几个人，最后也就剩下我们几个人。但不幸的事发生在我大一上半年，由于伤病，我只能回家休养一段时间，在这条道路上也停滞了几个月。大一下学期，一回到学校，汪老师与我们讨论是否要参加多媒体竞赛。其实当时我的心是虚着的，由于之前时间的耽误，自身学习进度落后，但当时为了荣誉，一咬牙一跺脚也就参加了多媒体比赛，并与方泽文一组，我负责后台的实现，他则负责前端的页面。谁也想不到之后就"一发不可收拾了"。

初次接触整个网站的制作与实现应该可以说是挺需要坚持的事吧，书本上的知识为自己所用，将其实例化，这是任何学习者都梦想实现的。由陌生到熟悉，由困惑到理解，所谓的"万事开头难"就是这样吧。2014年7月，我始终记得第一次的校比赛答辩，面对评委的问题，第一次参赛的我们显得稚嫩，没有尽可能地做到对答如流。隔了几天，答辩结果出来了，"学数网"获得了校多媒体一等奖，这让我感到喜出望外，看到自己的成果得到肯定，是那么地兴奋，那么地激动，虽然最终没能进入省赛，但毕竟过程远大于结果，明年再战！

大二、大三是收获的两年。跟随着指导老师的步伐，听取岑老师的"将成果最大化"的意见，我们紧接着凭借作品"学数网"参加了中国大学生计算机设计大赛。同时为了提升作品的水准，我们进行了组内讨论，该如何优化，该如何进展，该如何实现等，也考虑到微信的火热，于是我们用了一个月的时间，完成了微信端平台的开发，并将其与PC端连接，实现了多终端学习平台。作品的重开发、重架构，这期间一点点的思考，总感觉有一股力量不断将自己往上拉，不断地提升自我。大三上半年，我们怀着再战的心又参加了一次多媒体大赛，吸取了上届参赛的不足，随着知识的堆叠，让我们在页面、功能的展示上进步不少，最后获得了省二等奖，也一举平复了上届遗憾的心情。

如今正在实习的我，很庆幸当时能进入Shadow计算机兴趣小组，同时也很感激指导老师对我的信任和培养，感谢有这三年，感谢自己坚持了下来。

总地来说，三年有苦也有收获，同时也加深了与陈璇、方泽文之间的革命友谊，然而最重要的莫过于找到了自己未来人生的路！

五、结语

计算机兴趣学习小组作为理学院的两个兴趣学习小组之一，把理学院中计算机有共同学习兴趣与爱好的同学们组织了起来。在这种环境下，同学们相互学习、共同实践、合作组团，通过参加项目实践增强了自己的应用能力，获取了许多成果，成果无论是数量和质量上在学院里都占有一定的份量。核心骨干成员们在学长的影响下，坚持主动、热情、勤奋、团结合作、乐于助人的积极态度，为同学们搭建自主实践学习新环境，协助指导老师指导同学，是导师们自主实践环境的管理模式研究与探索的好帮手。

7.2 教师引导型案例

7.2.1 案例1：潘晓虹和她的项目学习实践团队

一、基本介绍

潘晓虹和她的项目学习实践团队起源于"基于 Web GIS 的在杭高校信息服务平台"项目。项目灵感来源于 2003 级教育技术学专业的学生潘晓虹，针对新生们在填报学校志愿时，因为不够了解学校而造成困惑，甚至导致选错学校和专业的情况。她希望能动手做一个面向学生们的高考志愿填报网络平台，在此平台上集中各个学校的信息和地理位置等，让考生们在一个平台里就可以充分了解杭州各个学校和专业的详细情况。潘晓虹的这个想法得到了任课老师的肯定，并在任课老师的引荐下，得到了擅长多媒体设计、网页设计和地图软件 GIS 地理系统应用的老师们的帮助和指导。

从校学生基金重点项目"基于多媒体电子地图的在杭高校信息查询平台"到浙江省首届大学生科技创新"新苗人才计划"项目"基于 GIS 地图的在杭高校信息查询平台"，一个主题，一条实践主线贯穿始终。在指导老师们的鼓励和支持下，潘晓虹招兵买马，她将对平面设计很感兴趣并有一定的专业技术知识和能力的室友高飞红、同班同学刘晖、擅长网站编程的大学兼高中同学徐小均组织起来，组成一个团队。后来进一步扩大队伍，教育技术学专业 2003 级蒋加峰、2004 级刘举鹏、2005 级孙茂霖先后加盟，团队成员进一步扩大，受益人数逐渐增加。团队根据各人的特长进行了合理的分工，使项目能更加顺利出色地完成，并总结撰写了论文。在合作学习中，团队成员学到了更多、更深的知识和技能，学会了如何更好地发挥特长进行集体协作，增进了同学之间的友谊，各方面都受益良多。

二、主要成员

1. **潘晓虹**：女，2003 级教育技术学专业学生。在大学本科期间，获省政府二等奖学金、校二等奖学金、校优秀毕业生。她带领团队成员进行实践教学活动，指导低年级团队成员进行实践。

2. **高飞红**：女，2003 级教育技术学专业学生。作为团队的主要成员，参加团队的实践教学活动，主持和参加了其他一些项目实践。为了保证本团队的项目完成，她放弃了完善自己以前的项目成果工作，全力支持潘晓虹的项目。

三、实践成果

团队参加四步曲开放型实践教学活动情况：

（1）开放实验实践：基于 Web 的网络应用程序开发。

（2）科技项目实践：2006 年校重点项目"基于多媒体电子地图的在杭高校信息查询平台"；2006 年浙江省大学生科技创新活动计划（新苗人才计划）项目"基于 GIS 地图的在杭高校信息查询平台"等。

（3）学科竞赛实践：作品《基于 GIS 的在杭高校查询平台》获 2006 年浙江省大学生多媒体作品设计竞赛网站设计二等奖；作品《基于 WebGIS 的在杭高校信息服务平台》在参加 2007 年浙江省"挑战杯"大学生课外学术科技作品竞赛中获得三等奖。

（4）论文专利成果：撰写的论文"Design and Develop of College Information Service Platform in Hangzhou Based on WebGIS"在 2008 年 International Colloquium on Artificial Intelligence in Education 会议上发表，并被 ISTP 检索。

四、学生感悟

潘晓虹感悟

一个主题的项目，不断提升的内容，让我受益匪浅，让我的大学生活变得充实，也让我的人生变得明亮起来。这一切都是因为我有幸遇到创立并全身心投入教育信息技术学系的老师们。他们无微不至地关心我们每一位同学的学习和生活，想方设法为我们排忧解难，甚至在我们毕业之后还一如既往地关心我们。我有幸遇到那么多位全心全意为教育做奉献的指导老师们，他们紧紧跟随系主任的脚步，无私关爱学生，把学生的成就看得比自己的成就还要重要，挪出陪伴家人的时间指导我们，直到学生宿舍快关门。他们永远那么温和地鼓励我们，指导我们，日复一日，无怨无悔。

当然，项目从诞生到最后的成果，过程是艰辛和漫长的。从一开始不知道有"电子地图"软件，到了解到当时网上还没有这种专门为学校提供的电子地图；从学习网页设计制作、编程语言、动画制作和地理信息系统软件，到掌握并熟练应用；从开始的资料搜集、整体框架设计、网页美工和功能的实现，到最后的测试修改和完善，项目小组成员不断学习和积累，不断认知和实践，分秒必争，乐在其中。通过合作学习，我学会了如何协调大家对一些问题有不一样的见解和意见，每位成员都学会了如何发挥各自在团队中的特长，使项目达到更好的效果。项目从开始着手准备，就在不断地修改完善，为了使网站的页面看起来大方美观，仅仅网页的设计就改了很多个版本，在技术等其他方面也不断完善提升。

通过开放型实践项目学习，该项目循序渐进、不断提升。从自主设计的项目到作品参加浙江省大学生学科竞赛，从学校申报第一届浙江省大学生科技创新活动计划（新苗人才计划）项目到参加浙江省大学生"挑战杯"竞赛获三等奖，最后总结撰写的论文在 ICAIE 国际学术会议中录用并被 ISTP 收录，硕果累累。

在此，我也要感谢在学习、生活中像兄弟姐妹一样关心我、帮助我的同学们。当然，除了以上提到的老师和同学们，还有其他很多老师和同学在我的大学生涯中添上了温暖的色彩，遇见教育信息技术学系的老师和同学，是我大学里最大的幸事！

五、结语

一个主题项目的确定，让一些同学聚在一起，组成了项目学习实践团队。团队伙伴们不断从实践提出了新的问题，不断进行研究实践与探索。团队成员的善于思考、勤奋好学、齐心协力让大家受益匪浅，受益同学人数众多。实践活动是从对一个实践问题的思考引进，到一个项目主题的确定，从申报项目立项到成果的获奖，最后到理论论文的撰写与正式发表，这是一个"四步曲"开放型实践教学活动的典型案例。

7.2.2 案例 2：卢忠团队的四步曲实践教学

应用物理学是课题组在理学院推行开放型实践教学的比较成功的专业。专业教师队伍中有许多能力强、不计个人得失、专心为学生的好老师，许多学生在他们的引导下组成了团队，参加了"四步曲"开放型实践教学活动，有许多成功的案例。学生们认真实践，提高了能力，提升了竞争力，许多参加实践活动的同学进一步深造，最终考取了研究生。典型的有周建武的实践团队、刘毅的"光学多通道分析仪（OMA）对常用光源光谱研究与应用"实践团队、李宇鹏的"太阳能照明和驱虫智能系统的开发"实践团队、樊正富的"大棚智能化温光调控系统设计"项目实践团队、吕学良的"基于温差发电技术的模块化配套装置的设计"实践团队、程安丽的"自动化的双层贮水屋顶设计"实践团队、李睿的"新型光伏微电脑自灌溉系统的研究和推广"实践团队、曾曾的"LED 灯头变焦变色设计及其光电特性检测"实践团队等。其模式与实践过程基础形式一样，这里主要介绍卢忠的"光强可调电动车 LED 照明电源设计"实践团队。

一、基本介绍

由 2006 级应用物理学专业卢忠、朱伟、梅进光同学组成的实践团队，在老师引导下参加了"四步曲"开放型实践教学活动。教师从开放性实验中选择相应的学生进行引导，申报开放型项目，将项目成果逐步提升，参加学科竞赛，最终撰写研究设计论文进行结题。形成了一个"四步曲"开放型实践教学模式的成功案例。

实践团队分别参加了"人眼频闪响应特性分析"等开放实验实践，在导师阮世平教授的引导下，自主设计了开放性实验"光强可调电动车 LED 照明电源设计"，申报了浙江省"大学生科技创新"项目，项目成果参加了浙江省"挑战杯"大学生课外学术科技作品竞赛，最后撰写设计论文。这是一个理学院物理专业完整的进行"四步曲"开放型实践教学活动成功的案例。

二、主要成员

1．卢忠：2006 级应用物理学专业学生。在大学四年期间，任班级学习委员。历年一等奖学金，校三好学生，2009 年被评为"浙江科技学院校大学生十大年度人物"，2010 年考取浙江工业大学硕士研究生。硕士毕业后在企业工作一年，应聘回到浙江工业大学物理系工作。

2．朱伟：2006 级应用物理学专业学生。在大学四年期间，获校一等、三等奖学金，校三好学生，2010 年考取江西理工大学硕士研究生，毕业后回浙江省某研究所工作。

3．梅进光：2006 级应用物理学专业学生。毕业后就职于实践内容相关的企业——杭州某电子股份有限公司。

三、实践成果

团队参加开放型实践教学活动情况和实践成果如下：

（1）开放实验实践：人眼频闪响应特性分析等 3 项开放性实验。

（2）科技项目实践：完成浙江省教育厅"大学生科技创新"项目"光强可调电动车 LED 照明电源设计"，参加其他科技创新项目 3 项。

（3）学科竞赛实践：作品"光强可调电动车 LED 照明电源设计"获浙江省"挑战杯"大学生课外学术科技作品竞赛二等奖。

（4）论文专利成果：撰写论文《光强可调大功率 LED 开关电源的设计与研究》在《浙江科技学院学报》2010 年第 6 期中发表论。

四、学生感悟

卢忠感悟：

就读于浙江科技学院时，我参加的开放性实践活动至今都对我产生积极而深远的影响。在校期间由开放性实验"人眼频闪响应特性分析"引申的科技立项以及"挑战杯"的"光强可调大功率 LED 开关电源的设计与研究"，使我体会到知识的相通性，它激发了我的创新意识，拓宽了我的创新思维。无论是开放性实验还是科技立项和挑战杯，在完成的过程中，都会有许许多多的问题需要去解决、去克服，在攻克每个问题后，不仅充实了我的知识，还提高了我解决问题的能力。挑战杯的参加与交流，培养了我的交际能力及演讲能力，从专家们的意见和建议中完善自己的创新，使我深刻认识到，创新需要团队的力量，更需要虚心听取别人的意见和建议。

参加了这些实践活动，不仅使我四年的大学生活感到充实，还提高了我各方面的能力。从参加开放性实验到科技立项，再到学术竞赛，最终取得一定的成果。这个过程中，培养了我对学习各类知识的兴趣和求知的欲望，提高了自身动手解决实际问题的能力，在一步步的学习和锻炼过程中，我对自身的信心也随之增加。求知欲、动手能力和信心这三方面的提高，对我今后的学习和工作生涯产生了积极的影响。在硕士研究生的三年时光里，我受益于本科实践活动的影响，对接手的每一个课题都充满信心。在主动查阅大量文献和相关资料后，设计出具体的实验方案，听取导师和其他老师对方案的意见和建议后，完善实验方案，最终设计出较为合理可行的实验方案。加之对实验仪器的操作上手快，因而我对研究生的各个课题能快速入门，在实验的过程中能总结经验，解决出现的问题，最终完成课题。研究生三年，导师对我的实践能力也比较肯定，自身的求知欲、动手能力和信心进一步得到提高。凭借着本科时期培养的求知欲、动手能力和信心这三个要素，毕业后顺利通过面试进入普尼太阳能（杭州）有限公司的研发部，工作中对仪器的操作及相关知识的补充要求更高，需要快速上手且不能出差错。本科实践活动的收获再一次影响到了我的工作，对公司的仪器操作能快速上手，相关知识能快速补充，为我的职业生涯提供了很好的帮助。之后，浙江工业大学理学院需要专门维护一些镀膜设备，要求能熟练操作各类镀膜仪器以及对各类镀膜仪器能进行一些维护和维修，得益于本科实践活动，我顺利转职到浙江工业大学理学院，担任实验员岗位。实验员不仅需要扎实的基础实验理论知识，更需要动手能力以及解决实际问题的能力，凭借着从本科实践活动中收获的知识，我很快胜任了这个岗位。本科实践活动带给我的收获将一直对我的人生产生影响……

五、结语

他们有着自己的理想和目标，导师的引导加上自己的勤奋努力，使他们在科学的道路上走出了自己的路，最终实践了自己的目标。科学的态度，使他们被不同时期的导师所赞赏。他的成功是学弟学妹们参加"四步曲"开放型实践教学活动的学习榜样。

7.2.3 案例3：两校区的合作学习实践

一、基本介绍

从2014年开始，所有新生在安吉的新校区学习，大二再回到杭州小和山校区。安吉校区没有小和山校区那样开放型实践教学的环境，这就给开放型的实践教学活动带来了一定的困难。如在大二到小和山再进行这方面的教育，肯定比较迟了，效果会有很大影响。如何在不同的校区进行实践教学活动是课题组在思考、研究与探索的问题。通过课后宣传，请有实践经验的学长去安吉进行交流座谈，再面授与网上辅导相结合，即利用去小和山上课的机会，进行专门辅导和利用现代化的技术手段（QQ、微信等）进行网上交流与辅导，调动同学们在大一时参加开放型实践教学活动的积极性。在安吉校区书院的支持下，开始建立了一个供学生进行实践学习的基地——蓝色空间，让学生在较好的环境下进行实践。在安吉打下基础，在小和山提升，继续发展。

在两校区合作进行的开放型实践教学活动中，有许多在小和山校区的高年组同学参加了两校区间的项目学习实践活动，其中特别要提到的是 2013 级信息与计算科学专业的陈璇、2012 级工业设计专业的金梦奇和 2013 级软件工程专业的汪锴等同学，为两校区开放型实践教学活动的开展做出了较大的贡献。

二、主要成员

1. **华益峰**：2014 级信息与计算科学专业学生。主持和参加国家级大学生科技创新创业项目各 1 项，主持省级大学生科技创新项目 1 项；参加中国大学生计算机设计大赛、浙江省大学生多媒体作品设计竞赛、浙江省大学"挑战杯"创业竞赛、浙江省大学生"互联网+"创新创业大赛、浙江省电子商务竞赛等学科竞赛，获全国竞赛三等奖 2 项、省级竞赛三等奖 4 项，参加撰写论文 2 篇。

2. **胡晓峰**：2014 级软件工程专业学生。主持国家级和省级大学生科技创新项目各 1 项，参加省级项目 1 项；参加中国大学生计算机设计大赛、浙江大学生多媒体作品设计竞赛、浙江省"挑战杯"创业竞赛、浙江省电子商务竞赛等学科竞赛，获全国级竞赛三等奖 2 项、省级竞赛三等奖 1 项，参加撰写论文 3 篇。

3. **王国庆**：2014 级电子信息科学与技术专业学生。大二专业分流时到计算机专业。任班级班长。主动要求参加开放型实践教学活动，参加浙江省大学生科技创新计划（新苗计划）项目申报，参加中国大学生计算机设计大赛、浙江省"挑战杯"创业大赛、第七届"蓝桥杯"全国软件大赛团体赛和大学生多媒体作品设计竞赛，获得国家级竞赛三等奖 1 项、省级竞赛 2 项。

4. **牟正洋**：2014 级信息与计算科学专业的学生。参加国家级大学生科技创新创业项目 1 项，获得国家级竞赛三等奖 1 项、省级竞赛 2 项。

5. **胡昊**：2015 级软件工程专业的学生。大二专业分流时到电子信息工程专业。主持申报国家级大学科技创新项目 1 项，参与撰写论文 1 篇。

6. **金梦奇**：女，2012 级工业设计专业的学生。主持浙江省大学生科技创新计划（新苗计划）项目 1 项，参加国家级项目 1 项，参加了两校区合作实践教学活动，实践成果获得全国计算机设计大赛三等奖 2 项、省级设计竞赛奖 3

项，获得外观专利、实用新型专利各 1 项，撰写论文 3 篇。

7. **汪锴**：2013 级软件工程专业学生。参加浙江省大学生科技创新计划（新苗计划）项目，参加浙江省大学生"互联网+"创新创业大赛、浙江省大学生"挑战杯"创新创业大赛、浙江省大学生电子商务竞赛等，作品获首届浙江省"互联网+"创新创业大赛省金奖，参加两校区学生开放型实践教学活动，协助指导学生实践进行视距教学活动。

8. **陈璇**：2013 级信息与计算科学专业学生。参加两校区学生开放型实践教学活动，协助指导学生实践。自己有丰富的实践经验与成果，另外介绍。

三、实践成果

主要有以下实践成果：

（1）科技项目实践：国家级大学生创新创业训练计划项目"'互联网+课堂'个人技能分享交易平台的设计与实现""大学生科技创新项目过程化管理平台建设 2 项；浙江省大学生科技创新活动计划（新苗人才计划）项目"基于移动端的大学生户外活动安全管理系统设计" 1 项；浙江科技学院大学生科技创新（春萌计划）项目 7 项。

（2）学科竞赛实践：在两校区华益峰、胡晓峰、金梦奇、牟正洋、王国庆、陈璇等项目团队共同努力下，"艺竹""趣社区""基于四部曲的'教+学'平台"等分别获中国计算机设计大赛三等奖；"24 号便利中心"和"快易达"获浙江省"互联网+"竞赛铜奖；"浙科大树"获 2016 年浙江省"挑战杯"创业大赛铜奖等。

（3）论文专利成果：撰写论文 3 篇。华益峰、金梦奇、胡晓峰、闻依宁、陈璇等撰写 3 篇论文。其中论文"The Construction of Display Platform for Bamboo Product Based on Web"于 2015 年在英国伦敦举办的"第十届计算机新技术与教育国际学术会议"上发表并被 EI-C 检索；论文《基于 Web 的竹工艺品设计交流平台的构建》和《大学生科技创新项目过程化管理系统设计》分别在《浙江科技学院学报》2015 年第 3 期、2016 年第 3 期中发表。

四、学生感悟

1. 华益峰感悟

刚进大学的我是如此的迷茫，当时我心里的想法只有一个，就是要在大学干点事，不枉青春。第一次遇到岑老师是在上 C 语言课的时候，作为我的第一个指导老师，他栩栩如生地解释 C 语言是什么，讲述了程序的起点"hello world"，自此我便被计算机深深地吸引了。在课上老师讲到"国创""新苗"以及"春萌"等项目时，虽然我们对这些项目一无所知，但却深深地吸引着我，让我产生了无数的遐想和好奇。课后我和我的几个小伙伴便立即询问岑老师"春萌"是什么。老师细心地向我们解释，我记得当时我们还是一筹莫展，但是我们并没有放弃。由于大一是在安吉校区，老师与我们的联系并不是那么方便，每次岑老师来安吉上课，我们便会与他交流，不断地提出自己的想法，但却一一被否定了。岑老师告诉我们要多观察身边的事，每一件事物都是创作的来源。最后当我们提出要构建一个"大学生微创意展示交流合作平台设计"时，得到了岑老师的肯定。于是我们就开始填写申报表，第一次填写申报表并不是那么顺利，在我上大学以前，一直以为申报表只需要填写好就可以了，可事实上并非那么简单。我们一次又一次地修改，老师一次又一次给我们意见，在改了十几次之后，最后的文稿才是那样耀眼，最终申报成功了。这个项目让我们肯定了自己，获得了巨大的信心，也成长了许多。接下来我又去申报省级项目"新苗"，经过日日夜夜的奋战，结果虽然并不如意，但是我们尽力了。接下来我遇到了第二个指导老师——汪文彬老师，在他的教导下，我们学习了许多编程技术。为我们接下来的比赛奠定了不可或缺的技术指导。

第一次参加比赛，是中国大学生计算机设计大赛，当时我们的编程功底并不好，但是在老师们的鼓励下，我们咬咬牙，与老师介绍的金梦奇学姐组成了一个队伍。开始了第一个作品"艺竹"的设计编写，此作品的灵感来源于安吉——美丽的竹乡。我们一边学习一边编程，经历过无数个拼搏的日子，作品完成了，并获得了三等奖。我们及时总结了经验，并开始撰写第一篇论文"The Construction of Display Platform for Bamboo Product Based on Web"。

2. 王国庆感悟

在大一的时候我就主动联系了岑老师，要求参加他带领的项目，参加他的"四部曲"开放型实践教学。以第十五届浙江省"挑战杯"创业大赛为例，谈一下我们需要做好几点：

（1）知道自己想要什么。在参加竞赛、做项目的过程中，我们必须明白自己想要什么、希望得到什么，要明确自己的目标，保持初心，这样才能最终坚持下来。像浙江省"挑战杯"创业大赛是学校极为重视的一个比赛，它从开始到结束历时8个月，团队经历了很多挫折、争吵。无数次想要放弃，但每每想到初衷，想到刚成立团队时对未来憧憬的心，便咬咬牙坚持了下来，最终获奖。

（2）懂得沟通。团队之间队员的沟通是极其重要的。我的团队在刚开始参加竞赛时不知道沟通，每个人都各做各的，缺少交流，结果事倍功半。后来我们意识到了这个问题，每次有新的想法与问题，就拿出来与大家交流沟通，慢慢地发现以前碰到的一些问题都不再出现，大家彼此的感情也变好了，有了团队荣誉感，做起事情来事半功倍。人活在社会上，沟通是必不可少的技能之一，通过这次竞赛，很好地培养了我们团队成员的沟通能力。

（3）遇到问题多思考、多请教。在参加竞赛、做项目的过程中，我们会遇到各种形形色色的问题。这中间有些是凭借我们个人能力能解决的，而有些就需要团队、老师的帮忙。千万不要个人主义，盲目地相信自己的力量，遇到问题时应多向同学、老师寻求帮助。我们团队就出现过这种问题，在竞赛过程中"闭关自守"，完全按照自己的想法来，很少寻求老师的专业意见。到最终省决赛的时候才发现问题，最后略有遗憾地拿了铜奖。

五、结语

这是一群在校的学生，在学长的帮助下，经历了不同校区学习的学生。在老师的引导下和自己的兴趣相结合，坚持参加了开放型的项目实践教学活动。他们是实践的探索者，老师以他们试验，探索如何在不同校区，在远离专业老师的校区开展开放型教学活动。

他们是宣传与传播者。他们将实践体会告诉学弟学妹们，并帮助进行指导。

他们是成功的受益者。他们增强自身的应用能力，获取更多的实践成果。

他们是建设与管理者。他们与老师一起创建了蓝色空间基地，并进行了自主管理的探索。

他们是实践的探索者。他们作为试验对象，使课题组更有信心去研究与探索。

7.3 同伴影响型案例

同伴影响型包括：同宿舍同学、同班同学和学长们，大家相互影响，参加项目学习，取得实践成果。这里举两个案例。

7.3.1 案例1：朱贵的网络课程设计实践团队

一、基本介绍

2003级教育技术学专业的学生朱贵与廖银亮等，一同组成了一个实践团队。朱贵发现其他同学在教师的帮助指导下，在酷热的夏日里进行项目作品创作，也有了参与做项目的想法。他主动找到了系里负责省多媒体设计竞赛的唐老师，表达了自己想做心理学网络课程的想法，刚好被系主任听到，就给他介绍了一些网络课程相关的知识，希望他做的网络课程能得到专业任课老师的支持，因为那样就能更容易地得到网络课程所需要的教学资源。回去经过思考后，朱贵同学鼓足勇气，提出为系主任制作其所授课程的网络课程，就这样，《计算机辅助教育》网络课程设计项目确定了。他找了廖银亮等两位同学，组成了项目学习实践团队，最终完成了任务。还随导师们一起参加了在武汉举行的第五届教育技术国际论坛会议，与国内外专家学者进行了交流。

二、主要成员

1. **朱贵**：2003级教育技术学专业学生。除了参加团队的实践活动外，还参加了校学生科技创新基金项目"高校公寓管理系统"、省新世纪高校教改项目"开放型项目学习研究"等。2006年网站作品"多媒体作品展示交流"获校多媒体作品设计二等奖，撰写了《〈计算机辅助教育〉自主型CAI学习系统设计》等2篇论文。

2. **廖银亮**：2003级教育技术学专业学生。2005年主持校学生重点科技创新项目。另外，2007年参加校"计算机辅助教育"重点课程建设的网络课程建设；"多媒体作品展示交流"网站获校大学生多媒体作品设计二等奖；2007年3月，其设计作品入围IGE游戏ZAM中国LOGO设计大赛，并获得二等奖；2007年4月，其设计作品在TOIDEA创意网中标，获一等奖。

三、实践成果

开放型实践教学活动及实践成果：

（1）开放实验实践：参加基于Web的网络应用程序开发等开放型实验。

（2）科技项目实践：2005年校学生重点和一般科技创新项目"第二课堂教学资源与学生作品交流展示平台"、校学生科技创新基金项目"基于本校的网络课程开发——《计算机辅助教育》网络课程"；2007年参加校《计算机辅助教育》重点课程建设的网络课程建设。

（3）学科竞赛实践：2006年参加了第五届浙江省大学生多媒体作品设计竞赛，项目成果中网站作品《<计算机辅助教育>网络课程》获网站组一等奖。

（4）论文专利成果：撰写了"《计算机辅助教育》自主型CAI学习系统设计"发表在第五届教育技术国际论坛——教育技术的创新发展与服务（华中师范大学出版社，2006.11）。

四、学生感悟

1. 朱贵感悟

大学的前两年我和同学组成团队参加数模竞赛，希望在这项重要的赛事中取得好的成绩，只可惜最终没有如愿。就在自己一无所获的两年时间里，已有同学制作作品参加全省多媒体竞赛并获奖，撰写论文在学术刊物上正式发表，我感觉到与同学们的巨大差距，后来我才知道其中的原因：他们结合自己的专业并得到老师的指导。而那时我既没有选择自己专业相关的，也没有得到专业老师的指导。

大学的学习，专业上的建树才是至关重要的。在同学们的影响下，我对能在省大学生多媒体设计竞赛上获奖充满渴望。首先需要有一个作品，可是我能做什么呢？谁能指导我呢？其实大家都知道我们系里有很多很好的指导老师，而且系主任也是亲力亲为，同学们在指导老师耐心的指导下都有丰硕的成果。作为一个荒废两年时光且无一建树的学生，我鼓足勇气找系里负责竞赛辅导的专业老师，并说了自己打算做心理学网络课程的想法，刚好系主任听到，就给我介绍了网络课程相关的知识，同时建议我做的网络课程能得到授课老师的支持，因为那样能更容易地得到网络课程所需要的教学资源。最终我选择了当时正在上的"计算机辅助教育"课作为网络课程并在学校立项，当然也如愿得到该课程授课老师的全力支持。

有了项目，有了优秀的指导老师，我就可以向自己的梦想前进，去努力奋斗了。因为前两年我都是按部就班地学基础知识，到大三才学专业知识，为完成项目，我只能现学现用，不断摸索。在这过程中，我感觉到了团队的重要性，作为项目的负责人，我充分考虑到了各个模块的分工，最终实现了项目的有效推进。想到这些还是要感谢项目组的伙伴们，有他们的付出才保证了项目的最终完成。我们将项目的成果按照浙江省大学生多媒体作品设计竞赛的要求进行设计修改，并报名参加了选拔。比赛设置了答辩环节，答辩的好坏也会直接影响比赛的成绩，所以这一环节也不敢怠慢。还有指导老师的考虑周全，记得那是在2006年的暑假，天气酷热，指导老师亲力亲为给我们组织模拟答辩，效果非常好，最终我们的作品获得了省大学生多媒体作品设计竞赛一等奖的好成绩。在该项目的基础上，我参加了指导老师的"计算机辅助教育"省级精品课程申报工作，主要参加了网络课程设计与申报工作的环节，并使课程申报省级精品课程获得了成功，这门网络课程至今还在教学中使用。在老师的指导下，我们针对设计项目进行了总结，撰写了我的第一篇论文并被教育技术国际论坛会议录用，最终由华中师范大学出版社正式出版。同年随导师一起参加了在武汉举行的第五届教育技术国际论坛会议，与国内外的专家学者进行了交流。

同伴的影响、项目的正确选择以及老师认真的指导，使得起步稍晚的我最终也能硕果累累，当然还需要加上自己的努力。这些实践活动，也使我的综合能力有了很大的提高，增强了就业竞争力。

2. 廖银亮感悟

在求学生涯的绝大部分时间里，我认为获得好的成绩，考取好的学校，获得更好的教育，才能出人头地。现在的我也许不那么认同，但也并不反对。我想强调的是，这仅限于进入大学之前。

进入大学后，没有了升学的目标，会学习和考好试不再那么重要。选择感兴趣的去学习，并用所学的去创造价值成了大学学习的核心观念。你是否想过将来进入社会后，想要什么？想成为什么？

对于刚入学的我，当然没想清楚这些问题，也没想那么远，觉得这是四年之后的事情，于是我花了大量的时间去治愈种种进入大学前的后遗症，去释放压抑和包袱。这个时期其实是我人生的迷茫期，我也怀念这段美好时光，我总能清晰地记得那些快乐，那些和小伙伴一起做的傻事、囧事、坏事。不曾后悔，这也许就是成长的代价。

然而改变一定会来，或早或晚，有意或无意，我的改变是从大三加入项目学习开始的，正是这个看似自由和随性的教学活动，潜移默化地影响了我。而现在看来，它更像一坛酒，随着时间的沉淀和自我的历练，愈发香醇。它激起了我对互联网的兴趣。和世界一样，互联网真的太大了，但又触手可及，我从此一头扎进这世界。可以说，是实践型课堂让我发现了自己的兴趣，并坚定了自己要成为什么样的人。

时光回到几年前，岑岗老师正耐心地和我们讲关于他打算开展开放型项目教学实践的计划。

"试试吧，随便做什么东西。"

"做出来了，可以参加校内或省里的比赛。"

他目光似乎正朝我这个方向，笑嘻嘻地说。

我一惊，生怕他盯上我要我回答问题什么的，故作很懂的样子点点头。虽然神游了好一会，但大概知道是个不限主题、自主发挥、弄不好就可以得奖的便宜事，挺感兴趣。

抱着试试的心态"杀"进去后，发现山山（岑岗）老师也不是闹着玩的，竟然把自己的办公室一分为二，作为一个小型实验室。而且与其他老师不同的是，他会隔三差五地"犒劳"我们，问我们是否遇到困难，缺什么资源，甚至晚上想吃什么，聚个餐什么的。

我原本只是陶醉于这个实验室的冷气，慢慢地却开始喜欢这里的实践氛围。我多年的学习心态也开始改变，从要学习变成想学习，因为我迫切地想解决我眼前的实际问题。而且越是深入实践，我越发现自己开始喜欢上互联网，吸引着我去不断探索。

在整个实践过程中，我和我的搭档的实践结果获得了校级、省级的奖项，让我更加有动力去坚定我的目标和道路，直至现在，仍然乐此不疲。回想从当初"玩票"开始，一步步超越目标，也在不断刷新着原来的认识，明白所学的理论只是帮助自己更好更快地运用到实际中，而创造多大的价值才是我们应该去追求的。

前不久我去母校拜访了山山院长，没错，系主任已成为院长啦。开心的是，开放型实验教学活动又有了拓展，形成了"四步曲"开放型实践项目教学系列活动，而且越办越好。

好的事物一定能让大家受益并不断传承，在我对课堂教育的认知里，开放型实践教学的确颇为大胆和新颖。它不是教学计划中所必须要完成的，而是结合了自己的兴趣与爱好，围绕着专业培养目标，并且是在课余时间进行的。注重开放，就是注重以自我为中心，做自己想做的；注重实践，就是注重自我发现，自我创造。

何为兴趣？兴趣，能激发你去主动探索或了解某种事物。而开放型实践活动，是培养这一切最好的土壤。

现在想想，能创造一个这样自由的环境，并提供一切资源让学生去实践，背后真的需要付出非常大的努力。在这里由衷地感谢山山老师，他的远见，他的勤劳，让我敬佩。

起身要走的间隙，老师说要让同学帮他注册微信，并准备未来在与同学的沟通过程中用起来。我还是相当震惊的，山山这么大年纪了还愿意不断学习新事物，以此精神我觉得开放型实践项目教学活动一定会越办越好，让更多的学生受益。

你想得到什么？你想成为什么？如果我的分享让你觉得有那么点兴趣，而且如果你在开放型实践课堂上找到了答案，那么也是一件美好的事。

五、结语

偶然的机会，导师给了他们一个小小的建议，从此师生成为朋友至今，通过开放型的项目学习实践，提高了学生的应用能力，获得了成效。他们的实践教学活动是结合专业，参加老师的教改项目成功案例。知道感恩与回报，毕业后他们又经常应邀回母校，帮助导师进行指导，成为导师实践教学的助教、助手。

7.3.2 案例2：王慧琴的课件制作实践团队

一、基本介绍

2004级教育技术学专业的王慧琴同学在参加了"基于Web的网络应用程序开发"开放性实验后，通过项目学习培训，对此产生了浓厚的兴趣，她的作品参加了学校的多媒体设计作品竞赛，并获得了一等奖。但她对此并不满足，于是与创作室中一起学习的2005级教育技术学专业的徐君同学和2005级计算机专业的赵佰成同学一起，组成了"普通话学习软件"项目制作实践团队。

组成项目团队后，他们找准更新、更高的目标去努力。在平面设计、课件、网站、动画等兴趣学习课题方向的选择中，他们选择了课件制作。在原有的学校"春萌计划"项目基础上，他们的团队在唐伟老师的帮助下申报了浙江省科技厅"新苗人才计划"项目"普通话多媒体学习软件的开发与设计"，项目成果作品经过提炼，参加了浙江省大学生多媒体作品设计作品竞赛。

二、主要成员

1. **王慧琴**：女，2004 级教育技术学专业学生。获校二等、三等奖学金，校智育单项奖。作为团队负责人，负责了实践团队项目学习的全过程。另外，她还参加 DV 片《那时花开》的制作，作品获校多媒体作品设计竞赛 DV 组三等奖。撰写了 2 篇论文。

2. **徐君**：女，2005 级教育技术学专业学生。获一等奖学金、三好学生等。徐君同学毕业后考取了浙江师范大学研究生。参加了团队项目实践的全过程。另外，2007 年主持校学生课外科技创新与实践项目"基于 Web 的自动答疑系统的实现"，参加校级项目"基于 Web 的网上虚拟交易平台"；2008 年参加教师的校重点教学研究项目"教师教育技术培训平台开发研究"的平台建设，网站作品"教育技术培训网"获 2008 年第七届浙江省大学生多媒体作品竞赛二等奖。撰写了 2 篇论文。

3. **赵佰城**：2005 级计算机科学与技术专业学生。获一等奖学金、三好学生、创新二等奖。参加了团队项目实践的全过程。撰写了 2 篇论文。

三、实践成果

团队的"四步曲"开放型实践教学活动及实践成果情况：

（1）开放实验实践：参加"基于 Web 的网络应用程序开发"等开放型实验。

（2）科技项目实践：2005 年校学生课外学术科技开发基金重点项目"普通话多媒体学习软件的开发与设计"；2006 年主持首届浙江省大学生科技创新活动计划（新苗人才计划）项目"普通话多媒体学习软件的开发与设计"。

（3）学科竞赛实践：2007 年课件作品"普通话多媒体学习软件"获课件组一等奖。

（4）论文专利成果：王慧琴撰写了《普通话多媒体学习软件的设计与开发》等 2 篇论文。徐君和赵佰成合作撰写了《普通话 CAI 自主学习系统设计》和《普通话学习系统的功能设计与实现》2 篇论文。

四、学生感悟

1. 王慧琴感悟

机会总是留给有准备的人。在导师的指导下，我参加了学校的"春萌计划"项目申报。那是我第一次写项目申报书，申报书发给指导老师唐伟老师，结果当然是惨不忍睹。在唐老师的引导下，我重新进行了思考，多次修改了课题的主题方向，经过与唐伟老师的讨论，确定了"普通话多媒体学习软件的设计与开发"项目。在项目学习过程中，我们经过勤奋努力，最终作品获校多媒体作品设计竞赛一等奖。

我当时以为这"春萌计划"项目的完成，在此项目实践也结束了。没想到过了一个学期,又有一个好机会来临,岑岗老师推荐我去参加浙江省大学生科技创新"新苗人才计划"项目的申报。在老师的悉心指导下,我在原校学生科技创新实践"春萌计划"项目成果的基础上,再改进,再优化,提出了新的研究目标与实践课题。在"新苗计划"项目中(当时学校总共只有 10 个"新苗计划"项目指标),平均到每个学院也就 1 个项目,竞争是非常激烈的。很多学院中比我更有资格的学长学姐的项目都很不错。对此我也没有报太大希望,但在老师的鼓励下,有了校级项目的成功经验,我带领合作伙伴——我的两位学弟学妹,下定决心,认真思考,不断创新,增加了几个创新点,并做了可行性试验,在项目申报书中的可行性报告中也进行了详细的阐述。经过学校和省里专家的评审,我们的项目申报成功了,真是太惊喜了。学校总共才 10 个项目,我们学院占了 2 个,而且都是兴趣项目学习小组的同学立项的,其中也有我申报的项目。

我从项目兴趣学习小组的学习,到自己组建项目学习小组,从学校"春萌计划"项目实践活动到省"新苗计划"项目实践活动的跨越,这中间有兴趣使然,也有老师的引导,更有学校和导师为我们构建了一个良好的项目实践环境氛围。这种良好的学习氛围,使我们的组织能力、设计能力、综合能力得到了增强,达到了项目学习的预期效果。我们由衷地感谢老师们在课余时间为我们提供了这么好的开放型实践教学活动。

2. 徐君感悟

在大一作为新生时,我就深受老师关于开放型项目教学思想的影响,看到其他同学的动手能力都很强,我很是羡慕,于是参与了大二、大三学长的项目学习活动。在选修"多媒体设计与制作"课程中,接触到了 Flash 动画的初步制作方法和制作过程。觉得制作 Flash 动画是一件很有趣的事情,有了兴趣的牵引,我就更加愿意学习了。也许老师注意到了我学习能力、动手能力的提高,就推荐我加入王慧琴学姐的项目中,她很高兴地接受了,我的学习生活也从此变得更加充实。暑假留在学校里和其他项目组成员一起学习和创作。在开放型项目学习环境中,不像在课堂上学习那么拘束,我们可以随意发表自己的观点和建议、发表自己的灵感,快乐地学习。在这样的环境中,并不是所谓的"要我学",而是变成了"我要学",指导老师的意见和想法激活了我们的思维,让我们的学习更加有目标性。暑假结束了,但我们的项目并不是很完善,因此,开学之后除了忙于学业,更加重要的是完成我们的项目。闲逛的时间少了,但我的能力提高了。王慧琴学姐很关心我们的学习,总是提醒我们不要把学习落下,也许自己也知道用于学习的时间比其他同学都要少,于是我上课更加认真了,这样就可以花较少的时间去温习功课,而有更多的时间去专注项目。期中的时候项目顺利完成了,并在省里获得了一等奖的好成绩,当然我们都很开心。很快,一个学期结束了,在这段时间里所学习到的、所经历过的,都给了我很大的帮助。大三下学期,老师又建议我们试着去写写论文,不管能不能发表,就当是给自己一个锻炼的机会,就想这学期功课也不是很多,写写东西也可以充实一下自己,就开始跑图书馆查资料、看论文了。忙碌的大三终于结束了,一分耕耘一分收获,不仅获了奖、发表了论文,而且学习成绩全班第二,综合素质全班第一。项目学习使我的大学生活多姿多彩,而且更加有意义了。回想当初的项目学习,不仅提高了我的动手能力,而且使我有了研究生学习和生活的基础,当然对我考研时的作用也是很大的。

五、结语

这是一个由不同年级、不同专业的同学组成的项目实践自主学习团队的成功案例。王慧琴同学不满足在参加学校的学科竞赛中获得的一等奖,带领学弟学妹,组成新的项目学习实践团队,找准更新、更高的目标去努力。在创作室的良好环境中,分工合作,齐心协力,合作学习,获得了浙江省大学生多媒体作品设计竞赛一等奖,并发表了 4 篇论文。

7.4 兴趣型案例

7.4.1 案例 1:个人兴趣——兴趣群体实践

一、基本介绍

根据兴趣,学生们在不同类型的项目学习实践团队。通过实践,使他们知识面更广,兴趣更广。只要有好主题,凭自己在开放实验中所掌握的技能,凭自己的兴趣和同学间的友情,一起临时组成实践团队进行项目学习实践实践内容软件开发、课件制作、动画制作、网站设计、DV 片制作等。实践内容比较广,也取得较多的收获。他们的特点是相关的实践都去尝试。如 2006 级教育技术学专业的余建伟、胡文昌、陈吉波、高丹、范玉凤、刘圣、罗世国,2008 级的李荣存,2009 级的马晨飞、应奕等。

二、主要成员

1. **余建伟**:2006 级教育技术学专业学生。负责自主设计的项目,有课件制作、DV 制作、网站制作等,还撰写了设计与管理研究论文 2 篇。

2. **胡文昌**:2006 级教育技术专业学生。在大学本科期间,曾获校优秀学生干部、二等奖学金、校三好学生。与同学一起自主设计制作多项制作设计项目。

3. **陈吉波**:2006 级教育技术学专业学生。主持和参加了课件制作、DV

制作、网站制作等多个项目,撰写了设计论文 1 篇。

4. 高丹：2006 级教育技术学专业学生。曾任班级团支书、校幻影数字媒体协会部长、院学生会生活部干事。获校优秀团干部、校三等奖学金、校优秀毕业生。

5. 范玉凤：女,2006 级教育技术学专业学生。在大学本科期间,曾任学生党支部书记、班团支书。校三好学生、校优秀学生干部,2010 年浙江省优秀毕业生。毕业时考取浙江师范大学教育技术学专业研究生。毕业后回母校任教。参加到课题组,进行开放型实践项目教学研究。

三、实践成果

1. 余建伟

参加"四步曲"开放型实践教学的情况：

（1）开放实验实践：网站设计、课件设计等开放性实验。

（2）科技项目实践：主持校科技创新"春萌计划"项目"小学奥数学习软件开发与设计""大学物理网络课程开发与设计""专业英语网络学习平台的设计与开发"等,参加 DV 片《心结》制作,课件《自主型小学数学学习软件》、网站《大学物理实验网络课程》的开发。

（3）学科竞赛实践：作品《专业英语网络学习平台》和 DV 作品《心结》分获中国大学生计算机设计大赛优胜奖；作品《小学奥数学习软件》和《大学物理实验网络学习平台》分获浙江省大学生多媒体作品设计竞赛课件设计一等奖、网站设计三等奖。作品《自主型小学数学学习软件》和《大学物理网络课程》分获校多媒体作品设计竞赛二、三等奖。

（4）论文专利成果：撰写的论文《小学奥数自主型学习系统的设计与开发》在《计算机时代》2009 年第 8 期中发表；论文《构建学生自主管理的开放型项目教学新环境》在核心期刊《实验室研究与探索》2011 年第 2 期中发表。

2. 胡文昌

参加"四步曲"开放型实践教学的情况：

（1）开放实验实践：网络学习平台设计、课件设计等。

（2）科技项目实践：主持 2008 年自主设计项目"自主协作型大学物理实验网络课程设计"；参加"天文学自主学习系统的设计与开发""'专业英语网络学习平台'的设计与开发"。

（3）学科竞赛实践：网站作品《专业英语网络学习平台》获 2009 年中国大学生（文科）计算机设计大赛获优胜奖；课件作品《天文博览》、网站作品《大学物理实验网络学习平台》获 2009 年浙江省大学生多媒体作品设计竞赛网站设计三等奖；课件作品《游泳学习软件》获 2008 年校多媒体作品设计课件组三等奖。

3. 陈吉波

参加"四步曲"开放型实践教学的情况：

（1）开放实验实践：门户网站设计等。

（2）科技项目实践：2008年主持自主设计的校"春萌计划"项目"天文学自主学习系统的设计与开发"和科普动漫创意设计项目《heal the world》；2009年主持DV片《心结》制作。

（3）学科竞赛实践：网站作品《专业英语网络学习平台》和DV片作品《心结》分别获得2009年中国大学生（文科）计算机设计大赛优胜奖；《天文博览》和网站作品《大学物理实验网络学习平台》在分获2008年和2009年浙江省大学生多媒体作品设计竞赛课件作品三等奖和2009年网站设计三等奖；DV作品《笑脸》获校多媒体作品设计竞赛二等奖，作品《592yo旅游网》和《沟通之路》获校多媒体设计竞赛三等奖；作品《heal the world》获2008年"首届杭州市大学生科普动漫创意设计竞赛"二等奖。

（4）论文专利成果：论文1篇。撰写的《天文学自主型学习系统的设计》论文发表在第八届教育技术国际论坛论文集中（北京：电子工业出版社，2009.8）。

4. 高丹

参加"四步曲"开放型实践教学的情况：

（1）开放实验实践：公共信息网开发与设计。

（2）科技项目实践：参加2009年浙江省大学生科技创新活动计划（新苗人才计划）项目"区域性高教园区门户网的推广与运营"。

（3）学科竞赛实践：作品《和山网——小和山高教园区第一门户网站设计》获2009年浙江省大学生多媒体作品设计竞赛网站设计一等奖；作品《准妈妈课堂》和《沟通，也需要随身携带》分获2009年校多媒体设计竞赛课件组课件设计一等奖；作品《且歌且行》《沟通之匙》获校大学生多媒体作品设计三等奖。

5. 范玉凤

参加"四步曲"开放型实践教学的情况：

（1）开放实验实践：网站设计等开放性实验。

（2）科技项目实践：2008年和2009年分别主持"'教学系统设计'网络课程设计"、课件设计项目"小朋友学习天地"2项项目；参加2008年浙江省科技厅"新苗人才计划"项目"基于波形对比的音乐学习系统"；参加DV作品《8008》制作等项目。

（3）学科竞赛实践：2008年作品"音乐学习软件"获浙江省大学生多媒

体作品设计竞赛课件设计三等奖； 2008 年作品《8008》获校多媒体作品设计 DV 组三等奖；2009 年作品"'教学系统设计'网络课程"和作品"小朋友学习天地"分别获校多媒体设计竞赛网站三等奖。

四、学生感悟

1. 余建伟感悟

2007 年下半年，通过之前对计算机的了解，逐步对 Flash 课件制作形成了兴趣，通过自身兴趣以及与导师的接触，了解了开放型实践教学活动，觉得这是一个很好的学习环境与平台，因此加入了开放型实践教学活动，一直到 2010 年毕业。在将近两年半的开放型实践教学活动中，感觉自己受益匪浅。在导师的指导下，在大二的暑假里我与同班同学范露萍，还有艺术学院视觉传达专业的王凤娟同学组成了小组，共同完成了开放型实践教学活动中的第一个成果"小学奥数学习软件"的设计与开发，并且出人意料地获得了 2008 年校多媒体设计竞赛课件组一等奖和第七届省大学生多媒体设计竞赛课件设计一等奖。之后在两年的时间里不断地进行开放型实践教学活动，陆续获得了一些成果。

在开放型实践教学活动过程中不乏一些难忘的经历，至今都作为大学期间宝贵的经历，现在想起都要感谢岑岗、唐伟、莫云峰等一些导师，和一起学习合作过的同学们。2008 年暑假，和导师、小组学习伙伴一起在机房奋战的日子真是难忘，几乎每天除了吃饭就是机房和寝室来回奔波，常常为了一个效果反复讨论和试验，也是从那个时候开始意识到团队合作的重要性，开始学以致用，开始深入的思考，开始体会解决问题的成就感。

还有与胡文昌、陈吉波开发的《大学物理实验网络学习平台》和《专业英语网络学习平台》，与高丹等同学参加浙江省"新苗人才计划"项目"区域性高教园区门户网的推广与运营"，与陈吉波、范露萍制作的 DV 片《心结》等。各个项目都能学到不同的东西，各个项目都能有不一样的经历。并且在参加开放型实践教学活动的过程中，不仅在专业知识巩固、学科竞赛方面取得了丰硕的成果，同时在学术上也收获两篇论文。

两年的开放型项目实践教学活动，其实开放型实践教学是现在的"四步曲"开放型实践教学的前身。在参加开放型实践教学活动之前，我没有方向，只是自己泡在机房学习专业知识或者感兴趣的技术，处于懵懂、盲目的阶段。在那个阶段或许大家都会有一种感受，那就是不知道怎么学，不知道如何应用，甚至不知道用这些技术可以做些什么，只知道照着书中的例子做。后来在导师的指引下，参加了开放型实践教学活动，通过组建学习小组，在开发项目的过程中学习设计理念、整理开发需求、学习开发技术、学习专业知识，同时可以学到一些延伸的知识，锻炼人际交往、团队合作方面的能力。在学习结束还能展现出成果，这些成果可以参加学科竞赛或者其他相关的竞赛，同时可以根据实践成果撰写论文，与后来学习者分享学习成果。因此我觉得开放型实践教学活动既是一个循序渐进的学习过程，也是直接把学习过程中学到的知识和技能转变为成果的过程。使学生不会为了学习而学习，而是把学习、实践和成果紧密地结合起来。还有比较重要的一点是，开放型实践教学活动虽然是以学生为主体，但是起主导作用的还是教师，在这个过程中教师会对教学进行改革，整合优势的教学资源，建立实验室，这些对我们而言，为我们顺利开展开放型实践教学活动提供了良好的环境和平台，能够更加及时和准确的解决学习过程中出现的各种问题。总而言之，参加开放型实践教学活动是我大学中收获最大的。

2. 胡文昌感悟

作为一名已经走出大学校门四年的校友，回顾大学四年中参加的开放型项目教学活动，以及这些活动对我工作后的影响，我多多少少有一些感悟。这些实践教学活动对我产生的影响主要包括以下几个方面。

（1）专业基础知识方面。

对课堂教学知识的立体展示。课堂教学让学生从视觉和听觉上接触知识，实践教学让学生自己动手应用知识，让知识以一种类似立体的方式展现在学生面前，更容易让学生掌握知识点。举一个自身经历的简单例子，记得在最初的专业课上提到了 Web 服务器的五大内置对象，其中对 session 和 cookie 好像是这样描述的：session 在服务器端，cookie 在客户端（类似这样的简单描述）。从这样的描述中，我们只能去想象这两个名词是一个怎样的东西。或者从课堂上的小例子我们也可以感受一下这两个对象的功能。但是并不能很好地、多方面地了解这两个对象。参加了实践教学活动，我选择的开放型项目是大学物理实验教学平台。为了完成这个平台的某些功能，比如记录用户登录状态、记录学生的一些学习习惯等，就需要用到这两个对象。通过具体的使用，发现了这两个对象的一些更多知识点，以及它们之间的联系和区别。这就从一个立体的角度了解了知识点。

对课堂教学知识的深层次巩固。课堂教学时间有限，而知识无限，实践教学可以当作课堂教学的延伸，可以从深度和广度两个维度提高学生对知识点的掌握。记得最初在专业课堂上接触 Ajax 这个技术的时候觉得它特别神奇，但是当初只是知道它能异步返回一些 text 格式的信息。在后面的开放型项目教学活动中，我大量使用了这个技术，但是有些地方比如异步获取学生的学习信息，这个信息量比较大，信息节点比较多，用 text 格式处理非常不方便。在进一步了解之后发现它返回的格式是多样的，可以设置成 xml 或者 json 格式，这样无论在后台还是在页面处理起来都要方便很多。在专业人士看来这些都是很简单老套的东西了，但是当初对于一个初学的学生来说还是有很大帮助的。这点也能说明实践教学具有对课堂知识的进一步巩固作用。

加深对知识点的理解并产生自己的独特理解。古代诗人陆游就曾说过："纸上得来终觉浅，绝知此事要躬行。"开放型项目教学正是提供了一个"躬行"的平台。在这个平台上学生可以在掌握"纸上知识"的同时，加深对其的理解，还有可能由此产生自己独特的见解，一些好的见解甚至可以成为一些创意。

（2）学习能力方面。

古人就曾说"授之以鱼不如授之以渔"，这里的"鱼"就相当于知识，而"渔"就相当于学习能力。开放型项目教学很好地提高了学生的学习能力。因为在实践项目中会遇到各种各样的问题，有些问题是你不做实践项目根本就想不到的。而这些问题往往在课堂上或者教科书上是找不到答案的。这个时候就需要学生自己去思考，自己去想解决方案，自己去查阅文献，自己去上网查找，或者去请教相关方面的专家。这个过程往往在不知不觉中很大程度地提高了学生的自学能力。有了这个"渔"的能力，我们才能做到活到老学到老，这个能力的提高对学生的影响是一辈子的。

（3）情商方面。

沟通能力，团队协作能力。开放型项目教学中，学生往往是组成一个小团队参加的。在团队中大家负责各自的内容版块，各个版块又是关联的，整个项目是一体的。在完成项目的过程中，小团队成员需要不断地沟通、协作，才能很好地完成项目任务。这个过程很好地培养了团队成员的沟通能力，这个能力在以后的工作中也是非常重要的。

对资源的调配能力。作为小团队的主导者，除了安排自身的任务之外，还需要整体把控项目教学活动的进度，这个时候往往需要去安排调配小组成员的任务和完成时间。这也是一种对人力资源的调配能力。

（4）学习氛围。

实践教学活动在学生中营造了一个良好的学习氛围，可以影响很多学生。大家都在这样一个努力学习的环境中，耳濡目染总会产生一些正能量。

总地来说，开放型项目（实践）教学让学生受益匪浅，从中学到的一些东西在今后的工作中也起到了很大的作用。

虽然有些项目参加了比赛却没有获奖，但是参加开放型项目教学对自己的各方面的能力都是很有好处的，有时候不要太注重结果（获奖），过程才是更重要的。太注重结果可能使效果适得其反，要注重学习能力、团队协作和动手能力的提高。

我觉得每个人都会有不同的感悟和理解。希望这样的开放型项目教学活动能够在学校里一直继续下去，让越来越多的同学享受到这里面的益处。

3. 陈吉波感悟

如果没有开放型实践教学活动，也许我已经申请转专业，去了我高考时想要报的建筑学专业。正是开放型实践教学，把大一时期摇摆不定的我渐渐变得安定下来，也让我对之后的大学生涯和人生道路有了规划。

我很幸运，在我刚进大学的时候，便耳濡目染了许多开放型项目教学的作品，在这样一个良好的大环境下，促使我更好地学习和实践，也因此取得了不少收获。

最开始的时候，对开放型项目教学并不了解，也不知道是怎么一回事，只是单纯地想做一个课件，做一个作品出来。随着实践的深入，我慢慢地对开放型项目教学有了了解。同时，开放型项目教学也帮助了我很多，它促使我不断地去学习新的技术，去研究新的原理。

记得在进行"天文学教学系统开发应用——《天文博览》"的过程中，最开始我根本不懂什么是"教学设计"，什么是"软件界面设计"，对 Flash 的了解也是十分浅薄，只会简单制作一些小动画。然而，凭借着开放型项目教学的理念，以及我对天文学的兴趣和爱好，我便有了做一个"天文学教学课件"出来的想法，这便是我的初衷。于是，我开始了 Flash 的自学，我拜托计算机专业老师暑假借用机房的电脑自学 Flash，直到大二开设了 Flash 课程。随着各类软件的掌握，以及对多媒体应用教学的理论积累，"天文学教学系统开发应用"慢慢地在我心里有了清晰的结构和样本。最后，在学长学姐各类作品的启发下，通过指导老师的帮助还有和团队组员的协作，我终于完成了大一时候想要做的事——"天文学教学系统——《天文博览》"。这时，大二刚刚结束。

在这之后，我一边改进着"天文学教学系统"，一边参与着其他开放型项目，主持和参与的过程中都有很多收获。

2008年夏天，我第一次独立尝试了动画——《heal the world》的制作，从剧本、动画、配乐全部都是我一个人完成，并且意外地获得了首届杭州市大学生科普动漫创意设计竞赛二等奖。

2009年，我第一次参加到同学主持的项目"专业英语网络学习平台"中，主要负责网页设计，这也是我第一次接触网页设计，获得了校多媒体设计竞赛网站组一等奖的同时，也取得了全国大学生文科计算机设计大赛的优胜奖；同年，我们又共同开发了"大学物理实验网络学习平台"。

主持开放型项目实践，教会我如何规划项目，如何协调组员的合作；参与其他人的开放型项目实践，让我知道如何配合一个团队去完成一个项目。

参加开放型项目实践，将理论教学与实践学习相结合，互相渗透，相辅相成，根据我自身的需求和兴趣爱好，自主选择实验项目，自主拟定方案和计划，充分运用自己掌握的知识和技能，发挥自己的创造才能。这就是开放型项目教学的精髓所在，它强调的是我们的自主性和自觉性。

从学生生涯过渡到工作中来，接触了大大小小的项目，因为有开放型实践的经验，对于项目的规划、工作的总结与计划，我都有着熟悉、亲切的感觉。

感谢开放型项目教学带给我的所有。

4. 高丹感悟

大二的时候，同寝室的室友陈吉波他们都跟着学长、老师开始了实践活动，看到他们一直忙着做一些东西，让自己业余时间很充实的同时，成绩也一直很稳定，于是我也有了参加实践的兴趣，想多跟他们交流来提高自己的各方面能力。正好，莫云峰老师有个课题找到了我，我幸运后开始了我的蜕变之路。

我基础学得一直不太好，参加莫老师的实践活动课程后，做一些东西的时候经常碰到问题，我经常跟岑老师还有一些学长接触。发现一些问题后通过请教同学、老师，然后再去思考，去应用，理论的东西就没那么难理解了。渐渐地，我发现很多我不懂的理论往往在尝试实践后，就能更好地去记住，去运用。奇怪的是，大三的时候，无论学什么，我都学起来特别快，像忽然开了窍一样。我边学习课堂知识，边参加莫老师的开放型教学实践，我总是在不断尝试一些未曾碰到的知识。那年我很幸运，获得了浙江省和学校的多媒体作品作品设计竞赛一等奖。后来带领团队申报成功新苗计划，虽然现在想想。那个时候做的东西不太完美，获得奖项之类的也不是我所追求的，可对于一个大三的学生来说，那是一种鼓励，一种成长，更是一直磨炼，那才是我想要的。

后来，在老师们的鼓励引导下，我与余建伟、胡义昌等同学参加一些社会上的实践项目，也让我们感受到学校与社会的实践区别，社会是检验我们做的东西是否有用的最好方法。大学时学理论，搞实践，为的就是工作后自己能力跟习惯的培养。我们在莫老师的带领下，申报了浙江省大学生科技创新活动计划（新苗人才计划）项目，运营了小和山门户网站，第一次接触到了社区门户的概念，这些东西让我增长了见识。

5. 范玉凤感悟

重回母校——浙江科技学院，当我走在熟悉的环境中，往事历历在目，没有大学四年的历练也就没有如今的我。如今，我已是浙江科技学院辅导员队伍中的一员，实现了当初的梦想，回归母校，为母校做贡献。浙江科技学院不仅让我健康快乐地成长，更帮助我形成了坚强自立的品格、培养了团结协作的精神和乐观豁达的态度。尤其是参加开放型项目教学活动使我受益匪浅，也可以说这是我求学生涯和成长历程中的转折点，主要体现在以下几个方面。

首先，理论知识的深化。传统的课堂教学类似于一种平面化教学，我们只能通过视觉和听觉接收信息，也只能跟随老师预先设计好的教案开展活动，忠实地执行教材。最终，我们获得的也只有某些概念的书面化理解，而不能真正地明白其内涵和用途，也不能很好地创新思考。当初参加了以音乐学习系统为项目主题的实践教学活动，我们需要完成音符的输入、输出、记录、视频播放、文字闪现、系统内部搜索等功能，这需要用到某些工具和概念。通过实践中的运用，可以从立体层面感受到概念的内涵和价值，帮助理解概念和知识点。

其次，实践能力的提升。实践教学是培养创新意识的重要环节，是将理论运用到实际、让我们掌握学习方法和提高动手能力的重要平台。大学四年是我们成长的关键期，培养主动探索、主动学习的能力尤为重要。音乐学习系统开放型项目的策划、设计、开发、实施主要是在老师的指导下由我们自己行动、自己探索，打破了传统教学中教师为主体的局面。通过一系列活动的开展，我们不断地发现问题、解决问题，逐步将抽象的理论知识转化为认识和解决实际问题的能力。

第三，独立意识的培养。曾经的我是个恋家、离不开父母的小女生，过于依赖家人，每逢放假必回家，而实践教学活动让我有了巨大的改变。依稀记得大二的那个暑假，为了完成音乐学习系统，我们团队整个假期都没有回家，生活上遇到很多问题都是由自己一一解决。在开发作品遇到问题时，首先想到的是自己动手翻阅工具书、查找案例、检查代码，实在弄不懂时，才会和队友探讨，请教老师。那年的暑假我感受到的是一种自我教育，收获的不仅仅是完整的作品和获奖证书，而且是一种独立的能力。在这之后，我变得很坚强，也慢慢地成为一个果断自信的决策者，并依靠自己的决策意识坚定地走下去。

第四，协作精神的提高。开放型实践教学活动不仅是一种协作学习方式，更是培养我们协作精神的重要途径。一个团队唯有团结协作才能创造出好作品，完成好项目。马卡连科曾说过："集体是个人最好的老师。"实践团队为每个成员提供了成长的环境，为每个成员指明了努力的的方向，引领成员们在共同目标和价值观上发奋图强。活动过程中，我们在老师的指导下，开展一系列群体研讨、协作交流、分工合作和知识技能互补活动。例如，在音乐学习系统的设计开发中，有人负责美工设计，有人负责收集资料制作小动画，有人负责音频输入/输出等关键技术的实现，在有限的时间里，设计开发完成一件作品是由整个团队的凝聚力和效率决定的。因此，为了做得更好，我们每个人都能够从大局出发，服从团队的统一安排，每天一起进出多媒体实验室，一起讨论、解决问题，分享心得。在这个团队中，更多的是体会到互助协作的快乐、友爱信赖的感动，感受到温暖的师生情和学伴情。

第五,个人梦想的树立。初入大学时,一种迷茫与无助之感油然而生。但我坚信迷茫只是行程中的雾花,在雾花的背后始终屹立着一座灯塔。对我而言,开放型实践教学活动就是我的灯塔。因为有了这座灯塔的存在,我的大学生活不再迷茫,有了自己坚定的目标——大学教师。通过参加实践教学活动,让我对大学教师有了一种莫名的崇拜和向往。之后,我就开始为实现目标而努力,认真学习,进入班委会和学生组织,当辅导员助理,搜集、了解进入高校的条件和信息。毕业那年,考取了浙江师范大学教育技术学专业的研究生。研究生毕业后顺利考取了浙江科技学院的辅导员岗位,也终于成为大学教师中的一员。但我知道我离自己心目中的大学教师还很远,需要继续努力,不断积淀,才能真正实现自己的梦想。长风破浪会有时,直挂云帆济沧海。

点滴经历,受益终生。从传统学习到项目实践,从团队组建到团队参赛,从校级春萌计划到省级新苗计划,无不印证着我们的成长过程,让我们在慢慢的积淀中完成质的飞越。感谢老师为我们构建了一个良好的项目实践环境,为我们的学习和成长建立了重要平台。

我们开始学习网站编程时遇到了很多的困难,甚至产生了放弃的念头,同学中有人最终选择了放弃,但我们坚持了下来,疲惫而又快乐、忙碌而又充实,在大一打下了很好的基础。

五、结语

他们凭着自己的兴趣与爱好,主动参加项目学习,进行实践教学活动。不同的组合产生了不同的效果。在实践中,他们是比较低调的,"不在乎结果,更重视过程",喜欢动手编程设计的人,实践过程使他们受益匪浅。他们是在同级学生中自主参加实践教学活动最多、获奖最多的几个学生。

7.4.2 案例2:共同兴趣——翁彬彬实践团队

一、基本介绍

理学院在2008级在大二时实行导师制,2008级信息与计算科学翁彬彬和杨仲谋两位同学,分别由岑岗教授和张少林副教授指导。当时两位老师正在理学院进行实践项目教学的研究与探索,在指导中发现各自的学生对计算机应用很感兴趣,就分别建议各自的学生组成团队,在课余活动中参加一些项目学习。两位学生很愿意一起参加开放型的项目教学活动,在经过多次讨论交流后,确定了主题,一起申报了2011年浙江省大学生"新苗人才计划"项目"开放型实验项目教学建设"。之后有着共同兴趣的何江同学主动要求加入,组成了一个项目学习团队。"开放型实验项目教学建设"项目成果参加校级和省级大学生多媒体设计作品竞赛,因团队主要成员考研,没有按竞赛要求去做而没有获奖。但他们撰写了项目设计论文。

二、团队成员

1. **翁彬彬**：2008级信息与计算科学专业学生。在大学本科期间，获一等、三等奖学金，校三好学生，获校优秀团员和校优秀学生干部光荣称号。任理学院数学建模协会副会长。2012年考取北京邮电大学计算机系研究生。

2. **杨仲谋**：2008级信息与计算科学专业学生。在大学本科期间，曾任班级学习委员。获二等、三等奖学金。毕业后考取杭州电子科技大学计算机系研究生。

3. **何江**：2008级信息与计算科学专业学生。毕业后在杭州一家IT企业工作。

三、实践成果

参加开放型实践教学活动情况如下：

（1）开放实验实践：商业智能软件HappyBI应用、基于Web的网络应用程序开发。

（2）科技项目实践：2010年参加浙江省大学生科技创新活动计划（新苗人才计划）项目"开放性实验项目教学学习平台"；参加校大学生科技创新项目"春萌计划"1项。

（3）学科竞赛实践：2010年参加第十届浙江省大学生多媒体作品设计竞赛。

（4）论文专利成果：2011年在第十五届全球华人计算机教育应用大会上发表"Establishment of An Autonomous and Open-ended Experimental Project-based Instruction Platform（自主开放性实验项目教学平台设计）"论文，并被EI-C检索。

四、学生感悟

翁彬彬感悟：

首先还是不免感慨，这一回忆又是好些年前的事了，回想那年做的项目，我把网站的代码又翻出来运行了一遍，发现当时我们自己做的是多么简陋，想法是多么幼稚，简直都无法直视了。我感觉自己一直是个幸运儿，能力不足，却一直受到同学们的帮助、老师们的培养，一切的机缘巧合都是在学院实行本科生导师制时，我选择了岑岗老师作为导师开始的。

项目的申请——论渣渣的写作能力。在导师的指导下，我申请了浙江省"新苗人才计划"项目，申报时只抱着试一试的心态，最终申报成功对我来说还是挺意外的。我觉得申报成功的最大因素还是岑老师的引导与鼓励，当然我自身也是挺努力的。不断地修改开题报告，查阅相关的文献，还要避免过于口语化，对于新手来说挺难的，而且感觉短时间内没有什么长进，我也没有那么快摸到门道。岑老师好几个晚上教我怎么写，指导我怎么改，在我写的版本上写满了注释。终于在截止申报前，匆匆提交了一稿还算满意的。

寻找小伙伴——论渣渣狭隘的交际圈。当时缺少项目伙伴，张少林老师给我介绍了他指导的学生杨仲谋，其实就是隔壁 1 班的，我们挺熟悉的。"谋子"绝对是踏实稳重、有想法的人，他加入这个项目我真的非常高兴与放心。当时觉得新苗的项目时间比较久，虽然也做了时间的规划，但是自己当时没有能力评估项目中各模块的开发进度，更没有开发的经验，就觉得两个人太少，碰巧 3 班的何江同学跟我私下说想一起做，我们一拍即合，于是三人小组就这么定了下来。其实做小项目三四个人一组是最好的，如果能有个有经验的 leader，那就更好了。

开始做项目——论渣渣的低能力。首先不得不说自己的目光短浅，我出于学习的目的（这个出发点是不错的），觉得从零开始造轮子，更加能够明白做网站的原理，能够更牢固地掌握语言（天哪，实在是太天真太无知）。我把我的想法跟我的小伙伴们说了，当时说是讨论，其实我还是挺专制的，基本上大方向是听我，然后大家都不了解，听我说觉得也对，也没有什么调研，都是大概想想，于是乎就把方案定下来了。其实之前也不是没查过，主要还是思维定势，加上我比较好强……，所以做什么事之前都要把事情了解到一定程度，否则很容易走弯路。

项目的进度——论渣渣的全局控制能力。基础薄弱，于是图书馆借阅各种书，大致分了下前后台的模块任务，大家就开始自己啃，搭建开发环境，写小例子。当时也不能说不努力，只不过知识"0"基础加网站"0"开始，起步真的太慢，不知道如何下手，书中的很多例子，有时候也调试半天。当时实验环境在张老师办公室，说实话网站当时实什拿不出手，岑老帅安慰我们说刚开始起步慢没关系。花费了好长一段时间，大家终于入了门，就开始做些小模块。

开始入门——论渣渣的领悟能力。后来终于有点开窍了，开始找开源的项目模块，至于框架自始至终都没想到要用开源框架……我看了一位学长为华为做的项目源码，我问他这么复杂，开发需要很久吧，他说还行，基于框架，只要写自己的逻辑部分。顿时觉得自己以前弱爆了，我大一下学期进我们的实验室的时候，已经做得差不多了。还有，如果做前端，最好能知道些网络协议什么的，至少知道下 HTTP 协议吧，我还修了不少选修课，这是后话了。在做项目期间除了岑老师、张老师，还有好多其他老师的帮助，通过岑老师介绍，信息学院的林雪芬老师，学校网络管理中心的汪文彬老师都给予我不少帮助，都怪我当时太羞涩了。当时我看到了学校的服务器，觉得挺高大上的，后来看到了北京邮电大学的机房——北京三大网络节点之一，再后来又看到华为的，只能说这个是不能比的。

项目的终结。项目终于基本上完成了，真的只有基本上，现在深究起来，各种安全问题、数据的同步问题等，令人堪忧啊！结题报告是最后的大头，因为有开题的经验，所以结题有了很大的进步，费力是费力，但还是觉得没有开题难。最后，仅对项目结果来说，我们其实挺受挫的，没有太多的成就感。但是又要说到岑老师了，他才是我们项目的最大收获，他鼓励我们总结提升、撰写论文，还亲自给我们讲课。该项目最后成为了我毕业设计的题目，因为前期做了大量的工作，所以毕业论文基本上只花费几天，主要做的还是整理工作。

关于自己的一点感悟。这种自主选择的项目学习对我来说是第一次，而且不算是特别好的开始，也不是特别好的结束。在技术方面，其实一直都是在门外徘徊，始终没有入门；领导能力方面，彻底暴露了自己的不足。真的发现知道得越多，越知道自己能力的不足，我都不敢相信我本科结束后找实习时哪来那么大的自信。而另一方面，也正因为这个难能可贵的项目，让我更加了解到自己的能力，也激发了我对技术实现过程的好奇，果断地选择了考研的道路，而我觉得最大的收获是不管你如何选择，身后总有岑老师在给我支持鼓励。走出去后回头才发现，自己原来的世界真的好小，多看看世界总是好的。以上说不上是一种感悟，就是我的一段经历，我觉得很知足。

五、结语

偶然的机会，他们在不同的导师带领下走到一起，因为共同的兴趣和目标，他们组成了一个良好的合作实践学习团队。靠自己的努力，分别考取了北京邮电大学、杭州电子科技大学的计算机系研究生，或找到了自己理想的工作。他们为学弟学妹们树立了学习的榜样。同时也坚定了课题组老师在深入探索"四部曲"开放性实践教学上的信心。

开放型实践教学活动的正常展开，从最初 2004 年开始在课余时间进行第二课堂的项目学习，到后来的开放性实验教学、开放性实验项目教学、开放型项目实践教学的实践，到最后形成的相关实践教学活动，由浅入深的"四步曲"开放型实践教学模式，使越来越多的学生参与实践。

怎样使学生积极参与到这"四步曲"实践教学活动中来呢？我们认为除了有必要的实践环境外，更要有教师的引导，同学们的传、帮、带。要用兴趣启发学生，用成果激励学生。

从学生参加开放型教学活动的探索与实践中来看，要使这一教学模式继续开展，首先需要有一些热爱教学的教师，其次要有一个好的实践环境作为基石，再者需要有一些参与过实践的学生来带动。

开放型实践教学活动可以分为三种：教师引导型、同伴影响型和个人兴趣型，它们之间可以相互独立，也可以相互交叉。本章通过实践环境影响、教师引导、同伴影响和个人兴趣四个方面的案例来进行介绍说明，并从实践成果和学生的实践感悟等方面进行分析。

7.5 结束语

经过 12 年的研究与探索，从简单的项目学习到"四步曲"开放型实践教学模式的构建与实践，这么多年的研究与探索，我和我的同事们一路走来，收获颇多。这一教改真正改变了以教师为中心的传统教学模式，确立了以学生为中心的自主型实践教学活动模式，将学生实践项目教学从课堂的束缚中转到课堂之外，让课程教学与学生科研项目相结合，让课内教学与第二课堂教学、学科竞赛相结合，避免了传统教学中的"跟着老师走""为考试而学习"等的弊端，形成了鲜明的特色，取得了明显的成果，实现了教学方式与学习方式的转变。学生将课堂所学拿到课外学以致用，从而激发了学生的学习兴趣，培养了学生发现问题、解决问题和综合应用知识的能力，增强了学生的创新意识，培养了学生的主观能动性、团队协作精神以及在开发项目过程中获得的一切技能。"四步曲"实践教学是一种培养高素质应用型人才的有效途径。本课题组旨在将"四步曲"做进一步的发展和推广，为工程技术教育提供理论依据和实践范例，让更多的学生受益，为国家培养更多的应用型人才，为祖国的现代化建设贡献自己的一份力量。

附录1 "四步曲"开放型实践教学活动资助的项目情况一览表

[1] 2011年度教育部人文社会科学研究一般（规划基金）项目：工程教育环境下开放型实践教学的研究（编号：11YJA880003）；负责人：岑岗，主要成员：林雪芬、阮世平、莫云峰、陈烨、张少林、盛海波、孙晓勇、徐弼军、许森东。

[2] 2009年浙江省高等教育学会研究课题重点项目：自主开放型实验项目教学模式研究与实践（项目编号：Z200827）；负责人：岑岗，主要成员：阮世平、陈烨、徐弼军、许森东；该项目研究2011年12月获实验室工作研究成果二等奖。

[3] 2010年浙江省教育科学规划研究课题项目：理学类开放型实验项目教学模式的研究（项目编号：SCG212）；负责人：徐弼军，主要成员：岑岗、阮世平、张少林。

[4] 2010年浙江省教育技术研究规划课题重点项目：网络环境下项目教学模式的研究与实践（项目编号：JA023）；负责人：岑岗，主要成员：林雪芬、莫云峰、孙晓勇、覃伟。

[5] 2010年浙江省教育科学规划研究课题项目：理学类开放型实验项目教学模式的研究（项目编号：SCG212）；负责人：徐弼军，主要成员：岑岗、阮世平、张少林等。

[6] 2011年教育科学规划研究课题项目：基础实验开放性教学活动形式的研究（项目编号：SCG161）；负责人：岑岗，主要成员：许森东、王建中、冯元新。

[7] 2011年度浙江省教育技术研究规划课题拟立项课题：基于开放型项目的协作学习（项目编号：JA008）；负责人：林雪芬，主要成员：岑岗、莫云峰、唐伟。

[8] 2013年教育科学规划研究课题项目：威客实践教学模式的应用研究（项目编号：SCG060）；负责人：莫云峰，主要成员：马伟锋，程志刚，孙奕鸣。

[9] 2013年浙江省自然科学基金项目：开放型项目教学背景下应用性人才培养的管理机制研究（项目编号：LY13G030035）；负责人：岑岗，主要成员：莫云峰、林雪芬。

附录2 "四步曲"开放型实践教学活动教改获奖情况一览表

[1] 2009 年获浙江省教学成果二等奖：开放型项目教学研究与实践；获奖者：岑岗、魏英、唐伟、林雪芬、孙晓勇。

[2] 2010 年省高校优秀科研成果奖：开放型项目教学模式研究；获奖者：岑岗、林雪芬、唐伟、孙晓勇。

[3] 2011 年浙江省高校实验室工作研究成果二等奖：自主开放型实验项目教学模式研究与实践；获奖者：岑岗、阮世平、陈烨、徐弼军、许森东。

附录3 "四步曲"开放型实践教学活动相关研究论文一览表

[1] 岑岗，唐伟．开放性项目教学在计算机公共课程教学中的研究与应用[C]．大学计算机课程报告论坛论文集．北京：高等教育出版社（ISBN 978-7-04-021967-8），2007.6：326-329．

[2] 陈洁，岑岗．开放型项目学习促进计算机应用能力培养的探索[J]．计算机时代．2007,(8)：9-11．

[3] 岑岗，林雪芬．开放型项目学习的活动形式研究[J]．浙江科技学院学报，2008,(2)：129-132．

[4] 岑岗．开放型项目教学促进应用能力培养的研究与探索[C]．应用型人才培养的理论与实践——首届中德论坛（杭州）文集．北京：高等教育出版社（ISBN 978-7-04-024848-7），2008.9：453-460．

[5] 孙晓勇，岑岗．开放型项目教学中量的研究[C]．第七届教育技术国际论坛（ETIF2008）论文集：挑战、机遇与发展：应用教育技术促进教育创新．济南：山东人民出版社（ISBN 978-7-209-04563-9），2008.9：55-58．

[6] 岑岗，陈洁．开放型项目教学提高计算机应用能力的实践[C]．全国高校计算机基础教育研究会2008年学术年会论文集．北京：清华大学出版社（ISBN 978-7-302-18787-5），2008.11：224-229．（一级学会论文集，优秀论文一等奖）

[7] 岑岗，林雪芬．A Study of Inter-school Open-ended Project Instruction[C]．第四届国际计算机新科技与教育学术会议（ICCSE 2009）论文集（ISBN 978-1-4244-3519-7），2009.7：1591-1594．（EI-C、ISTP检索）

[8] 岑岗，林雪芬．校际开放型项目教学模式研究．第8届教育技术国际论坛（ETIF2009）论文集：信息化时代教育技术应用与创新．北京：电子工业出版社（ISBN 978-7-121-09340-1），2009.8：136-139．（获国际论坛二检索）

[9] 岑岗，徐弼军，骆钧炎．Implementing Open-ended Project-based Instruction in Experiment of University Physics（开放型项目教学模式在物理实验教学中应用研究）[C]．第二届教育与计算机科学国际研讨会（ETCS 2010）（ISBN 978-0-7695-3987-4），2010.Vol（I）：830-832．（EI-C、ISTP检索）

[10] 岑岗，张少林，孙晓勇. 信计专业开放型实验项目教学模式的研究[C]. 全国高等院校计算机基础教育研究会 2010 年学术年会论文集. 北京：清华大学出版社，2010.7：240-253．（优秀论文奖）

[11] 林雪芬，岑岗. Theoretical Framework Research of Open-ended Project-based Instruction[C]. 第五届国际计算机新科技与教育学术会议（ICCSE 2010），2010.8：438-441．（EI-C、ISTP 检索）

[12] 徐弱军，岑岗. Study of Web-based Open-ended Project-base Teaching Mode of Physics Experiment（基于网络的开放型物理实验项目教学研究）[C]. 第五届国际计算机新科技与教育学术会议（ICCSE 2010），2010.8：449-451．（EI-C、ISTP 检索）

[13] 岑岗，骆钧炎，张少林. An open-ended Experiment-Project-based Learning Mode for Information and Computational Science（信息与计算科学专业开放型实验项目教学应用研究）[C]. 第五届国际计算机新科技与教育学术会议（ICCSE 2010），2010.8：862-864．（EI-C、ISTP 检索）

[14] 岑岗，林雪芬. 开放型项目教学的研究与实践[J]. 浙江科技学院学报，2010,(5)：375-380.

[15] 徐弱军，岑岗，陈烨. 理学类开放型实验项目教学模式研究与探索[C]. 第六届全国高等学校物理实验教学研讨会论文集（上册）. 2010.8：36-39.

[16] 岑岗，余建伟. 构建学生自主管理的开放型项目教学新环境[J]. 实验室研究与探索，2011,(2)：158-160.

[17] 岑岗，骆钧炎. Design of a Teaching Process Monitoring and Management System（教学过程监控与管理系统设计）[C]. 第三届教育与计算机科学国际会议（ETCS2011），2011.3：650-652．（ISTP 检索）

[18] 岑岗，林雪芬. A Study of Project Instruction based on Internet（基于网络下的项目教学研究）[C]. 第十五届全球华人计算机教育应用大会（GCCCE 2011），2011.5：846-849．（EI-C 检索）

[19] 岑岗，林雪芬，骆钧炎. Open-ended Practical Project-based Instruction Mode Under Netwrok Environment[C]. 第六届国际计算机新科技与教育学术会议（ICCSE 2011），2011.8：744-747．（EI-C 检索）

[20] 岑岗，许森东，阮世平，陈烨，徐弱军. 自主开放型实验项目教学模式研究与实践[J]. 浙江科技学院学报，2011(5)：391-395.

[21] 岑岗，莫云峰，刘省权. The Study on the Model of Open-ended Practical Project-based Instructional under Engineering Environment（工程环境下开放型实践项目教学的模式研究）. 第七届国际计算机新科技与教育学术会议

（ICCSE 2012），澳大利亚墨尔本，2017.7.14-17：1444-1448.（EI-C 检索）

[22] 岑岗，骆钧炎，夏剑雄. Contruction of A Four-step Practice Teaching ModeUnder Network Enviroment（网络环境下四步曲实践教学模式的构建）. 第八届计算机新科技与教育国际学术会议（ICCSE 2013）. 2013.4：1382-1385.（EI-C 检索）

[23] 林雪芬，岑岗. SOME KEY TECHNOLOGIES OF SCIENTIFIC RESEARCH MANAGEMENT SYSTEM. Control and Intelligent Systems，2014,42(1)：44-49.

[24] 韩佳平，岑岗. 开放型实践教学基地的学生自主管理研究与探索[J]. 实验室研究与探索，2014(4)：215-218.

[25] 林雪芬. 基于项目的协作学习网络分析[J]. 远程教育杂志，2015(5)：80-86.（CSSCI 收录）

[26] 岑岗，林雪芬，莫云峰."四步曲"开放型实践教学创新的探索与实践[J]. 浙江科技学院学报，2015,27(5)：371-375.

[27] 岑岗，林雪芬，方益. 工程应用型人才培养模式改革探索——以浙江科技学院"四步曲"人才培养模式为例[J]. 浙江科技学院学报，2016,28(2)：135-139.

[28] 陈璇，胡晓峰，汪锴，胡昊，岑岗. 大学生科技创新项目过程化管理系统设计[J]. 浙江科技学院学报，2016,28(3)：205-210.

[29] 岑岗，陈璇，胡晓峰. 多校区学生自主创新实践环境研究与构建[J]. 实验室研究与探索，2016,35(11)：182-185.

附录4 "四步曲"开放型实践教学活动学生主持省部级项目一览表

一、国家级大学生科技创新项目（14项）

[1] 2013 年：基于网络的开放型实践教学中的学生自主训练环境构建（项目编号：201311057013）。负责人：钱佳颖（2012 级信息与计算科学），成员：张玉琦（2012 级信息与计算科学）、李卓浩（2012 级信息与计算科学）、周婷婷（2012 级信息与计算科学）、戴唯（2012 级信息与计算科学）、汤博建（2012 级信息与计算科学）、余威一（2014 级信息与计算科学）；指导教师：岑岗。

[2] 2013 年：基于 Java 的仓储一体化与车辆智能化的软件开发（项目编号：201311057014）。负责人：吴强（2011 级应用物理学），成员：姚洪亮（2011 级通信工程）、尤晨阳（2011 级通信工程）、林文强（2011 级通信工程）、代成雷（2010 级信息与计算科学）；指导教师：张少林。

[3] 2013 年：农村网购物流一体化服务系（项目编号：201311057017）。负责人：韩佳平（2011 级信息与计算科学），成员：徐敏嫣（2011 级经济学）、毛露露（2011 级信息与计算科学）、金梦奇（2012 级工业设计）、牛剑平（2012 级工业设计）；指导教师：莫云峰。

[4] 2014 年：基于响应式的自助微课学习平台设计（项目编号：201411057008）。负责人：陈璇（2013 级信息与计算科学），成员：方泽文（2013 级信息与计算科学）、方益（2011 级应用物理学）；指导教师：汪文彬。

[5] 2014 年：一体直供平板电脑太阳能充电器的研究（项目编号：201411057009）。负责人：王清凯（2012 级应用物理学），成员：吴荣（2012 级应用物理学）、陈悦（2012 级应用物理学）、楼海生（2012 级应用物理学）、尹炳钢（2012 级应用物理学）；指导教师：熊必涛。

[6] 2014 年：便捷式多功能垃圾袋和垃圾箱组合装置的研制（项目编号：201411057010）。负责人：李坚（2013 级应用物理学），成员：陈健（2013 级应用物理学）、钟哲（2013 级应用物理学）、金克（2013 级应用物理学）；指导教师：徐弼军、李祖樟。

[7] 2015 年："互联网+课堂"个人技能分享交易平台的设计与实现（项目编

号：201511057005）。负责人：胡晓峰（2014 级软件工程），成员：华益峰（2014 级信息与计算科学）、陈璇（2013 级信息与计算科学）、牟正洋（2014 级信息与计算科学）；指导教师：岑岗。

[8] 2015 年：基于手机 NFC 功能的电子票务平台（项目编号：201511057007）。负责人：程文卓（2013 级软件工程），成员：叶致（2012 级软件工程）、王晓婷（2012 级软件工程）、沈卓奕（2013 级软件工程）、洪飞谊（2013 级软件工程）；指导教师：程志刚。

[9] 2015 年：排球运动中快速判别触网犯规装置的研发（项目编号：201511057014）。负责人：赖靓梦（2013 级信息与计算科学），成员：林芳芳（2013 级信息与计算科学）、施哲晨、冯硕（2013 级信息与计算科学）；指导教师：冯元新。

[10] 2015 年：基于智能推荐算法的空中衣橱（项目编号：201511057015）。负责人：陈杨华（2013 级信息与计算科学），成员：俞铭淇（2013 级国际经济与贸易）、丁五洲（2013 级信息与计算科学）、吴洪凯（2013 级建筑学）、陈启辉（2013 级信息与计算科学）；指导教师：张少林、孙晓勇。

[11] 2016 年：大学生科技创新项目过程化管理平台建设（项目编号：201611057007）。负责人：胡昊（2015 级软件工程），成员：蔡靖楠（2015 级软件工程）、戴文飞（2015 级计算机科学与技术）、胡晓峰（2014 级软件工程）、陈璇（2013 级信息与计算科学）；指导教师：岑岗。

[12] 2016 年：基于 C2B2C 模式的旅游拼团平台的开发与运营（项目编号：201611057009）。负责人：封鑫亮（2013 级软件工程），成员：许文强（2013 级软件工程）、陈铖强（2013 级软件工程）、张艺（2014 级软件工程）、张海扬（2011 级艺术设计）；指导教师：莫云峰、马伟锋。

[13] 2016 年：基于大数据的双向自适应移动学习平台（项目编号：201611057020）。负责人：华益峰（2014 级信息与计算科学），成员：牟正洋（2014 级信息与计算科学）、陈璇（2013 级信息与计算科学）、王斌斌（2013 级信息与计算科学）、方泽文（2013 级信息与计算科学）；指导教师：汪文彬。

[14] 2016 年：交互式视频英语学习终端的音频技术开发（项目编号：201611057008）。负责人：郑思慧（2014 数字媒体技术），成员：徐国斌（2013 数字媒体技术）等；指导教师：林雪芬、徐志毅。

二、浙江省大学生科技创新活动计划"新苗人才计划"项目（45 项）

[1] 2006 年：基于 GIS 地图的在杭高校信息查询平台。负责人：潘晓虹（2003

级教育技术学）、高飞红（2003 级教育技术学）等；指导教师：岑岗、马伟锋。

[2] 2006 年：普通话多媒体学习软件的开发。负责人：王慧琴（2004 级教育技术学），成员：徐君（2005 级教育技术学）、赵佰城（2015 级计算机科学与技术）；指导教师：岑岗、唐伟。

[3] 2007 年：基于 WAP 的移动学习平台。负责人：陈洁（2005 级教育技术学），成员：孙茂霖（2015 年教育技术学）、周志凡（2015 级教育技术学）；指导教师：岑岗、魏英。

[4] 2007 年，开放型项目教学研究管理系统。负责人：龚彪（2004 级教育技术学），成员：陈洁（2015 级教育技术学）等；指导教师：岑岗、唐伟。

[5] 2008 年：基于声音对比的音乐学习系统研究与开发（项目编号：2008R40G2130005）。负责人：李炜（2006 级教育技术学），成员：范玉凤（2006 级教育技术学）、郑猛杰（2006 级教育技术学）；指导教师：孙晓勇、岑岗。

[6] 2008 年：无障碍数学学习网络平台的开发（项目编号：2008R40G2130019）。陈理闩（2005 级信息与计算科学）；指导教师：朱婉珍、陈晓霞。

[7] 2008 年：反垃圾邮件技术分类器的分析与设计（项目编号：2008R40G2130020）。负责人：江曹弟（2005 级信息与计算科学）；指导教师：孔颖、岑岗。

[8] 2009 年：网络学习的过程化监控体系研究与通用框架实现。负责人：郑武江（2007 级教育技术学），成员：俞凌云（2007 级教育技术学）、张剑（2008 级教育技术学）、盛文栋（2008 级教育技术学）；指导教师：岑岗。

[9] 2009 年：区域性高教园区门户网站的推广与运营。负责人：李娜（2007 级教育技术学），成员：高丹（2006 级教育技术学）、余建伟（2006 年教育技术学）等；指导教师：莫云峰。

[10] 2009 年：光强可调大功率 LED 照明电源设计。负责人：朱伟（2006 级应用物理学），成员：卢忠（2006 级应用物理学）、梅进光（2006 级应用物理学）；指导教师：阮世平。

[11] 2009 年：光学多通道分析仪（OMA）对常用光源光谱研究与应用。负责人：刘毅（2006 级应用物理学），成员：彭涛（2006 级应用物理学）、沈杰（2006 级应用物理学）、郑申杰（2006 级应用物理学）；指导教师：冯元新。

[12] 2010 年：基于温差发电技术的模块化配套装置的设计（项目编号：2010R415009）。负责人：吕学良（2008 级应用物理学），成员：姚杰聪（2008 级应用物理学）、李彬（2008 级建筑学）；指导教师：李祖樟。

[13] 2010 年：开放性实验项目教学学习平台（项目编号：2010R415011）。负责人：翁彬彬（2008 级信息与计算科学），成员：杨仲谋（2008 级信息与计算科学）、何江（2008 级信息与计算科学）；指导教师：岑岗。

[14] 2010 年：太阳能照明和驱虫智能系统的开发（项目编号：2010R415012）。负责人：李宇鹏（2009 级应用物理学），成员：晏春明（2009 级应用物理学）；指导教师：徐弼军。

[15] 2010 年：Internet 拓扑生成器研究（项目编号：2010R415014）。负责人：张益方（2008 级信息与计算科学），成员：王鹏（2008 级信息与计算科学）、吕兵兵（2008 级信息与计算科学）、谢尚科（2008 级信息与计算科学）；指导教师：钱亚冠、胡月。

[16] 2010 年：计算机辅助下的口语类测试系统体系研究与应用（项目编号：2010R415022）。负责人：盛文栋（2008 级教育技术学）等；指导教师：马伟锋。

[17] 2011 年：基于威客理论的校园兼职服务系统的开发与运营（项目编号：2011R415027）。负责人：谢旭辉（2009 级测控），成员：郑宗敏（2009 级测控）、张欢欢（2009 级电气自动化）、闻佳眉（2009 级教育技术学）；指导教师：莫云峰。

[18] 2011 年：全自动环保型冲厕设备研究（项目编号：2011R415005）。负责人：康文豪（2009 级信息与计算科学），成员：陈中师（2008 级应用物理学）、沈玉杰（2009 级物流工程）、晏春明（2009 级应用物理学）；指导教师：岑岗、王长荣。

[19] 2011 年：茶园病虫害标本信息管理系统（项目编号：2011R415006）。负责人：张午（2009 级信息与计算科学），成员：俞观炳（2009 级信息与计算科学）、潘超娅（2009 级信息与计算科学）、童浚超（2009 级信息与计算科学）；指导教师：孙晓勇。

[20] 2012 年：简易水笔笔头更换器（项目编号：2012R415022）。负责人：陈扬（2009 级应用物理学），成员：华雪阳（2009 级应用物理学）、赵卓尔（2009 级应用物理学）；指导教师：汪尊伟。

[21] 2012 年：自动化的双层贮水屋顶设计（项目编号：2012R415023）。负责人：程安丽（2009 级应用物理学），成员：莫国强（2009 级应用物理学）、陈佳宇（2009 级应用物理学）；指导教师：王长荣。

[22] 2012 年：学生原创视频展示与学习交流平台（项目编号：2012R415024）。负责人：韩佳平（2011 级信息与计算科学），成员：汪飞（2009 级应用物理学）、林丙元（2010 级信息与计算科学）；指导教师：岑岗。

[23] 2012年：X射线辐射对种子变异育种的研究（项目编号：2012R415030）。负责人：孔令森（2011级应用物理学），成员：张晟畅（2011级应用物理学）、叶俊南（2011级机制设计与制造）、张亚青（2010级生物工程）；指导教师：阮世平。

[24] 2013年：基于网络的互动型自主学习平台设计（项目编号：2013R415032）。负责人：方益（2011级应用物理学），成员：茅梓成（2011级信息与计算科学）、韩佳平（2011级信息与计算科学）；指导教师：岑岗。

[25] 2013年：LED灯头变焦变色设计及其光电特性检测（项目编号：2013R415033）。负责人：曾曾（2011级应用物理学），成员：吴刚（2011级应用物理学）、林时康（2011级应用物理学）、张东（2011级应用物理学）；指导教师：沈瑜、阮世平。

[26] 2013年：新型光伏微电脑自灌溉系统的研究和推广（项目编号：2013R415034）。负责人：李睿（2010级应用物理学），成员：樊正富（2010级应用物理学）、黄丽湾（2010级应用物理学）、胡蕾（2011级市场营销）；指导教师：徐弼军。

[27] 2013年：太阳能智能温光调控大棚（项目编号：2013R415035）。负责人：樊正富（2010级应用物理学），成员：洪西洋（2010级应用物理学）、黄国奔（2010级应用物理学）、田栋炜（2010级应用物理学）；指导教师：熊必涛。

[28] 2013年：基于移动平台的教务管理系统（项目编号：2013R415038）。负责人：王超（2010级信息与计算科学），成员：闫陈莉（2010级信息与计算科学）、项英杰（2010级信息与计算科学）、吴迪（2010级信息与计算科学）；指导教师：孙晓勇。

[29] 2014年：基于威客模式的工业产品展示与交易平台（项目编号：2014R415024）。负责人：金梦奇（2012级工业设计），成员：韩佳平（2011级信息与计算科学）、何璐（2012级工业设计）；指导教师：卢艺舟。

[30] 2014年：基于网络的工业产品设计展示平台建设（项目编号：2014R415030）。负责人：茅梓成（2011级信息与计算科学），成员：王哲望（2011级工业设计），方泽文（2013级信息与计算科学），高云（2013级信息与计算科学）；指导教师：岑岗。

[31] 2014年：一体化翻盖式多功能太阳能手机供电器的研究（项目编号：2014R415031）。负责人：王清凯（2012级应用物理学），成员：吴荣（2012级应用物理学）、陈悦（2012级应用物理学）、楼海生（2012级应用物理学）、尹炳钢（2012级应用物理学）；指导教师：熊必涛。

[32] 2015 年：基于移动端的大学生户外活动安全管理系统设计（项目编号：2015R415008）。负责人：方孙权（2014 级软件工程）、张艺（2014 级软件工程），成员：王国庆（2014 级计算机科学与技术）、陈璇（2013 级信息与计算科学）、沈理强（2014 级信息与计算科学）、杨玲俐（2014 级软件工程）、华益峰（2014 级信息与计算科学）、叶连松（2015 级软件工程）、陈超凡（2015 级软件工程）；指导教师：岑岗。

[33] 2015 年：基于移动端 SNS 模式下响应式社团活动环境构建（项目编号：2015R415017）。负责人：王华伟（2013 级软件工程），成员：王炯达（2013 级软件工程）、方泽文（2013 级信息与计算科学）；指导教师：岑岗。

[34] 2015 年：基于微信的高校信息服务平台（项目编号：2015R415018）。负责人：刘银萍（2012 级软件工程）等；指导教师：马伟锋。

[35] 2015 年：基于无线自组网技术支持的智能旅游 App 的设计与实现（项目编号：2015R415020）。负责人：程文卓（2013 级软件工程）等；指导教师：程志刚。

[36] 2015 年：自发电自行车照明灯和刹车灯的研究（项目编号：2015R415030）。负责人：沈豪杰（2013 级软件工程）等；指导教师：阮世平。

[37] 2015 年：基于微信与 Web 的大学数学微课教学平台设计（项目编号：2015R415031）。负责人：王斌斌（2013 级信息与计算科学），成员：方泽文（2013 级信息与计算科学）；指导教师：汪文彬。

[38] 2015 年：新型太阳能小型空间温度交互系统设计（项目编号：2015R415032）。负责人：陈健（2013 级应用物理学）等；指导教师：徐弼军。

[39] 2015 年：基于数据平台和智能终端的留学服务信息系统（项目编号：2015R415033）。负责人：周婷婷（2012 级信息与计算科学）等；指导教师：张少林。

[40] 2016 年：基于 Android 的四步曲项目教学平台（项目编号：2016R415008）。负责人：胡晓峰（2014 级软件工程），成员：李彦（2014 级软件工程）、陈璇（2013 级信息与计算科学）；指导教师：岑岗。

[41] 2016 年：基于音频分析的交互式视频英语学习移动终端开发（项目编号：2016R415011）。负责人：郑思慧（2014 级数字媒体技术），成员：徐国斌（2013 级数字媒体技术）、鲍叶童（2013 级数字媒体技术）、金璐璐（2013 级数字媒体技术）、吴戈（2014 级数字媒体技术）；指导教师：林雪芬。

[42] 2016 年：互联网+合乘模式下智能出租匹配系统（项目编号：2016R415027）。负责人：方泽文（2013 级信息与计算科学），成员：陈璇（2013 级信息与计算科学）、王斌斌（2013 级信息与计算科学）、许红英（2013 级信息与

计算科学）；指导教师：汪文彬。

[43] 2016 年：监测雾霾的智能光控灯设计（项目编号：2016R415028）。负责人：李芳芳（2014 级信息与计算科学），成员：毛冬媛（2014 级应用物理学）、王亚婷（0215 级应用物理学）、周振宇（2014 级应用物理学）；指导教师：李祖樟。

[44] 2016 年：基于实时车流量的交通灯控制系统设计（项目编号：2016R415030）。负责人：沈理强（2014 级信息与计算科学）；指导教师：许森东。

[45] 2016 年：基于互联网+的新型船代检修服务平台设计（项目编号：2016R415036）。负责人：汪锴（2013 级软件工程），成员：谢云丽（2013 级市场营销）、芳蕾洁（2013 级财务管理）；指导教师：莫云峰、岑岗。

附录5 "四步曲"开放型实践教学活动学生部分省级及以上获奖情况一览表

一、中国大学生计算机设计大赛（12项）

[1] 2009年，DV制作类优胜奖：《心结》。获奖者：范露萍（2006级教育技术学）、陈吉波（2006级教育技术学）、余建伟（2006级教育技术学）；指导教师：林雪芬。

[2] 2009年，网站设计类优胜奖：《专业英语网络平台》。获奖者：余建伟（2006级教育技术学）、陈吉波（2006级教育技术学）、胡文昌（2006级教育技术学）；指导教师：雷运发。

[3] 2011年，动画设计类优胜奖：《城市一星期》。获奖者：李柳佳（2009级教育技术学）、应奕（2009级教育技术学）、黄菁菁（2009级教育技术学）；指导教师：雷运发、方建国。

[4] 2011年，DV制作类入围奖：《寻找三坪村》。获奖者：黄菁菁（2009级教育技术学）、胡巧君（2009级教育技术学）、顾晨晨（2009级教育技术学）；指导教师：林雪芬、雷运发。

[5] 2012年，课件设计类二等奖：《基于手机平台的商务英语学习课件》。获奖者：马晨飞（2009级教育技术学）、应奕（2009级教育技术学）；指导教师：雷运发。

[6] 2014年，网站设计类二等奖：《衣恋》。获奖者：茅梓成（2011级信息与计算科学）、王哲望（2011级工业设计）、刘晔（2011级服装设计），指导教师：汪文彬、莫云峰。

[7] 2015年，网站设计类二等奖：《学数网》。获奖者：王斌斌（2013级信息与计算科学）、方泽文（2013级信息与计算科学）；指导教师：汪文彬、岑岗。

[8] 2015年，网站设计类三等奖：《艺竹》。获奖者：华益峰（2014级信息与计算科学）、胡晓峰（2014级软件工程）、金梦奇（2012级工业设计）；指导教师：岑岗、汪文彬。

[9] 2016年，动画设计类一等奖：《极东之夜》。获奖者：胡中天（2014级计算机科学与技术）；指导教师：雷运发。

[10] 2016 年，网站设计类二等奖：《"心旅"大学虚拟社区平台》。获奖者：王斌斌、陈璇、方泽文；指导教师：汪文彬、岑岗。

[11] 2016 年，服务外包类三等奖：《趣社区》。获奖者：华益峰、牟正洋、金梦奇；指导教师：汪文彬、岑岗。

[12] 2016 年，网站设计类三等奖：《基于四部曲的"教+学"平台》。获奖者：胡晓峰、陈璇、王国庆；指导教师：岑岗、汪文彬。

二、中国大学生服务外包创新创业大赛（6 项）

[1] 2015 年，国家三等奖：《科考宝》。获奖者：肖子凡（2013 级软件工程）、王炯达（2013 级软件工程）、朱鸿亮（2013 级软件工程）、孔倩倩（2013 级软件工程）、王华伟（2013 级软件工程）；指导教师：马伟锋。

[2] 2015 年，国家三等奖：《在线教育平台》。获奖者：夏威（2013 级软件工程）、黄明霞（2013 级软件工程）、洪新建（2013 级软件工程）、俞卫忠（2013 级软件工程）、郏夏圆（2013 级软件工程）；指导教师：莫云峰。

[3] 2015 年，国家三等奖：《物联网智能停车场》。获奖者：葛晓飞（2012 级软件工程）、叶致（2012 级软件工程）、王晓婷（2012 级软件工程）、程文卓（2013 级软件工程）、沈卓奕（2013 级软件工程）；指导教师：程志刚等。

[4] 2016 年，A 类企业组国家二等奖：《中国中车车厢行李防丢系统》。获奖者：钱倩晨葛晓飞（2014 级软件工程）、沈德圆（2014 级软件工程）、倪恺（2014 级软件工程）、李彦（2014 级软件工程）、郭逸宇（14 中德电气工程及其自动化）；指导教师：戴芹、程志刚等。

[5] 2016 年，C 类创业组国家二等奖：《基于 RFID 的宠物信息化管理平台项目》。获奖者：肖子凡（2013 级软件工程）、金长波（2013 级软件工程）、王华伟（2013 级软件工程）、孔倩倩（2013 级软件工程）、李保成（2013 级软件工程）；指导教师：马伟锋、孙晓勇。

[6] 2016 年，C 类创业组国家三等奖：《智慧家政解决方案—户舒宝》。获奖者：汤雪华（2013 级软件工程）、何晨煜（2013 级软件工程）、郏夏圆（2013 级软件工程）、周丽（13 财务管理）、董燕璐（13 数字媒体）；指导教师：程志刚等。

三、其他全国竞赛奖（2 项）

[1] 2010 年，全国教育影视优秀作品大赛中荣获三等奖：《流感风波》。获奖

者：张天恩（2007 级教育技术学）、俞凌云（2007 级教育技术学）、倪力强（2007 级教育技术学）、王鑫宇（2007 级教育技术学）、朱佳英（2007 级教育技术学）；指导教师：郑志军、雷运发。

[2] 2011 年，"利尔达杯"全国物联网应用设计大赛三等奖，获奖者：谢旭辉（09 测控技术与仪器）。

四、浙江省大学生多媒体作品设计竞赛（45 项）

[1] 2003 年，课件类二等奖：《意大利设计 1945-2000 佳作赏析》；获奖者：顾燕霞（2003 级工业设计）；指导教师：唐伟等。

[2] 2004 年，课件类一等奖：《Happy English Home-Find the right place》；获奖者：顾燕霞（2003 级工业设计）；指导教师：岑岗、唐伟。

[3] 2004 年，课件类三等奖：《设计色彩》；获奖者：顾燕霞（2003 级工业设计）；指导教师：唐伟。

[4] 2005 年，DV 类二等奖：DV《校园生活情景剧—日货风波》。获奖者：严立刚（2003 级教育技术学）、洪媛楹（2003 级教育技术学）、俞强峰（2003 级教育技术学）；指导教师：杨晓艳、吴纯、岑岗。

[5] 2006 年，DV 类一等奖：《那年夏天》。获奖者：龚彪（2004 级教育技术学）、陈洁（2005 级教育技术学）、滕燕（2005 级教育技术学）；指导教师：鲍宗亮、岑岗。

[6] 2006 年，网站类一等奖：《计算机辅助教育》网络课程。获奖者：朱贵（2003 级教育技术学）、廖银亮（2003 级教育技术学）、徐晓达（2003 级视觉传达）；指导教师：岑岗、唐伟。

[7] 2006 年，网站类二等奖：《基于 WEB GIS 的在杭高校信息服务平台》。获奖者：潘晓虹（2003 级教育技术学）、高飞红（2003 级教育技术学）、徐小均（2003 级经济管理）；指导教师：马伟锋、岑岗、唐伟。

[8] 2006 年，网站类二等奖：《中国当代画家》。获奖者：骆燕青（2004 级教育技术学）、朱昱颖（2004 级教育技术学）、马海斌（2004 级教育技术学）；指导教师：莫云峰。

[9] 2006 年，课件类二等奖：《饮食营养与健康》；获奖者：王盈盈（2003 级教育技术学）、王乐艳（2003 级教育技术学）；指导教师：唐伟、莫云峰、林雪芬。

[10] 2006 年，课件类二等奖：《高中古诗文》。获奖者：邵晶（2003 级教育技术学）、单玲玲（2003 级教育技术学）；指导教师：唐伟。

[11] 2006 年，课件类二等奖：《野生动物园》。获奖者：乐海依（2003 级教育技术学）、贾丹（2003 级环艺）、郑京（2004 级电科）；指导教师：岑岗、唐伟、孙晓勇。

[12] 2006 年，平面类二等奖：《现代文房四宝》。获奖者：沈晓红（2003 级教育技术学）。

[13] 2006 年，DV 类二等奖：《飞吧，理想》。获奖者：严立刚（2003 级教育技术学）、洪媛楹（2003 级教育技术学）、俞强峰（2003 级教育技术学）；指导教师：吴纯、杨晓艳。

[14] 2006 年，课件类三等奖：《烃的衍生物》。获奖者：章国栋（2003 级教育技术学）、张道利（2004 级计算机）；指导教师：岑岗、唐伟、孙晓勇。

[15] 2006 年，DV 类优秀奖：《再现彩虹》。获奖者：鲍米娜（2003 级教育技术学）、干伟伟（2003 级教育技术学）、陈佩佩（2003 级教育技术学）；指导教师：吴纯、于芬。

[16] 2007 年，网站类一等奖：《"开放型项目教学研究应用"管理系统》。获奖者：陈洁（2005 级教育技术学）、孙茂霖（2005 级教育技术学）、周志凡（2005 级教育技术学）；指导教师：岑岗。

[17] 2007 年，课件类一等奖：《普通话学习软件》。获奖者：王慧琴（2004 级教育技术学）、赵佰城（2005 级计算机）、徐君（2005 级教育技术学）；指导教师：唐伟、岑岗。

[18] 2007 年，课件类二等奖：《创建平安校园——意外事故急救学习软件的开发》。获奖者：罗玲肖（2005 级教育技术学）、夏丽萍（2005 级教育技术学）、杨欣（2005 级教育技术学）；指导教师：唐伟、岑岗。

[19] 2007 年，网站类三等奖：《浙江科技学院教务处网站》。获奖者：刘举鹏（2004 级教育技术学）、俞滔（2004 级教育技术学）、骆燕青（2004 级教育技术学）；指导教师：莫云峰。

[20] 2007 年，DV 类三等奖：《我的视频日记—走进蒋家浜》。获奖者：陈茂炜（2004 级教育技术学）、周翔（2004 级教育技术学）、岑益（2004 级教育技术学）；指导教师：林雪芬、覃伟。

[21] 2008 年，课件类一等奖：《小学奥数学习软件》。获奖者：余建伟（2006 级教育技术学）、范露萍（2006 级教育技术学）、王凤娟（2006 级艺术学院）；指导教师：岑岗、唐伟、孙晓勇。

[22] 2008 年，网站类二等奖：《教育技术培训网》。获奖者：李晓玲（2005 级教育技术学）、吴梦梦（2005 级教育技术学）、徐君（2005 级教育技术）；指导教师：雷运发、孙晓勇。

[23] 2008 年，课件类三等奖：《天文博览》。获奖者：陈吉波（2006 级教育技术学）、胡文昌（2006 级教育技术学）、卓越（2006 级教育技术学）；指导教师：唐伟、孙晓勇。

[24] 2008 年，课件类三等奖：《音乐学习系统》。获奖者：李炜（2006 级教育技术学）、范玉凤（2006 级教育技术学）、郑猛杰（2006 级教育技术学）；指导教师：岑岗、唐伟、孙晓勇。

[25] 2009 年，网站类三等奖：《大学物理实验网络学习平台》。获奖者：胡文昌（2006 级教育技术学）、陈吉波（2006 级教育技术学）、余建伟（2006 级教育技术学）；指导教师：岑岗、徐弼军。

[26] 2009 年，动画类二等奖：《藏宝记》。获奖者：刘圣（2006 级教育技术学）、罗世国（2006 级教育技术学）、邵佳玥（2006 级教育技术学）；指导教师：林雪芬。

[27] 2009 年，网站类一等奖：《小和山网——小和山高教园区第一门户》。获奖者：高丹（2006 级教育技术学）、吴鑫园（2006 级教育技术学）、王慧玲（2007 级教育技术学）；指导教师：莫云峰。

[28] 2010 年，网站类二等奖：《车消费汽车网》。获奖者：谢旭辉（2009 级测控技术与仪器）、盛文栋（2008 级教育技术学）、张天恩（2007 级教育技术学）；指导教师：莫云峰。

[29] 2010 年，课件类二等奖：《小学英语学习课件》。获奖者：包顶峰（2008 级教育技术学）、姚望，叶升州（2008 级教育技术学）；指导教师：唐伟。

[30] 2010 年，课件类三等奖：《感冒学习课件》。获奖者：李娜（2007 级教育技术学）、王慧玲（2007 级教育技术学）、施方明（2008 级教育技术学）；指导教师：唐伟。

[31] 2010 年，网站类三等奖：《开放实验管理平台》。获奖者：思常臻（2007 级教育技术学）、刘云（2007 级教育技术学）、王宁武（2007 级教育技术学）；指导教师：唐伟。

[32] 2010 年，DV 类三等奖：《润物细无声》。获奖者：李荣存（2008 级教育技术学）、胡晓烨（2008 级教育技术学）；指导教师：林雪芬。

[33] 2010 年，动画类三等奖：《让世界更美丽》。获奖者：李荣存（2008 级教育技术学）、赵越（2008 级教育技术学）、张朋；指导教师：林雪芬。

[34] 2011 年，DV 类二等奖：《爱与你同行》。获奖者：黄菁菁（2009 级教育技术学）、徐伟琴（2010 级汉语言文学）、何承丰（2010 级数字媒体）；指导教师：刘省权。

[35] 2012 年，DV 类一等奖：《爱在春天里》。获奖者：黄菁菁（2009 级教育

技术学)、徐伟琴（2010级汉语言文学）、陈无忌（2010级数字媒体）；指导教师：刘省权、岑岗。

[36] 2012年，课件类三等奖：《基于手机平台的商务英语学习课件》。获奖者：马晨飞（2009级教育技术学）、应奕（2009级教育技术学）；指导教师：雷云发、唐伟。

[37] 2013年，网站类一等奖：《橙果秀—大学生工业设计专业作品展示网》。获奖者：茅梓成（2011级信息与计算科学）、王哲望（2011级工业设计）、张波（2011级数字媒体）；指导教师：唐伟、岑岗。

[38] 2013年，网站类三等奖：《爱秀网》。获奖者：方益（2011级应用物理）、张玉琦（2012级信息与计算科学）、钱佳颖（2012级信息与计算科学）；指导教师：马伟锋。

[39] 2014年，网站类二等奖：《每十每课》。获奖者：陈璇（2013级信息与计算科学）、彭德恒（2013级信息与计算科学）；指导教师：汪文彬。

[40] 2014年，DV类二等奖：《距离》。获奖者：彭文慧（2012级数字媒体）、陈洁（2012级数字媒体）、潘明明（2012级数字媒体）；指导教师：林雪芬、杨晓艳。

[41] 2015年，网站类二等奖：《Eureka个性化学习平台》。获奖者：方泽文（2013级信息与计算科学）、王斌斌（2013级信息与计算科学）、林芳芳（2013级信息与计算科学）；指导教师：汪文彬。

[42] 2015年，网站类三等奖：《书会书法个性化学习平台》。获奖者：华益峰（2014级信息与计算科学）、牟正洋（2014级信息与计算科学）、胡晓峰（2014级软件工程）；指导教师：汪文彬、岑岗。

[43] 2015年，动画类二等奖：《药》。获奖者：胡中天（2014级计算机）、刘旭辉（2014级计算机）；指导教师：雷运发。

[44] 2016年，网站类三等奖：《设集网》。获奖者：华益峰（2014级信息与计算科学）、沈理强（2014级信息与计算科学）、何潇铃（2014级信息与计算科学）；指导教师：汪文彬。

[45] 2016年，动画类一等奖：《Virtual Reality》。获奖者：胡中天（2014级计算机科学与技术）；指导教师：唐伟、雷运发。

五、浙江省大学生"挑战杯"设计竞赛和创业竞赛（5项）

[1] 2007年，大学生课外学术科技作品设计竞赛三等奖：《基于WEB GIS的在杭高校信息服务平台》。获奖者：潘晓红（2003级教育技术学）、高飞红（2003级教育技术学）、蒋加峰（2003级教育技术学）、刘举鹏（2004

级教育技术学)、孙茂霖(2005 级教育技术学);指导教师:岑岗、马伟锋。

[2] 2009 年,大学生课外学术科技作品竞赛二等奖:《光强可调电动车 LED 照明电源设计》。获奖者:卢忠(2006 级应用物理)、朱伟(2006 级应用物理)、梅进光(2006 级应用物理);指导教师:阮世平。

[3] 2012 年,大学生创业计划竞赛二等奖:《杭州返客有限责任公司》。获奖者:夏剑雄(2009 级教育技术学)、刘琦(2009 级教育技术学)、闻佳媚(2009 级教育技术学)等;指导教师:马伟锋。

[4] 2014 年,大学生创业计划竞赛三等奖:《杭州村落速达服务有限公司》。获奖者:韩佳平(2011 级信息与计算机科学)、徐敏嫣(2011 级经济学)、王黎航(2011 级车辆工程)、茅梓成(2011 级信息与计算科学)、方益(2011 级应用物理学)、梁栋荣(2011 级应用物理);指导教师:岑岗。

[5] 2016 年,大学生"挑战杯"创业计划大赛铜奖:《浙科大树》。获奖者:王国庆(2014 级计算机科学与技术)等;指导教师:岑岗。

六、浙江省大学生服务外包创新应用大赛(13 项)

[1] 2012 年,浙江省一等奖:《基于物联网的智能家居控制系统》。获奖者:谢旭辉(2009 级测控技术与仪器)、余华杰、朱冬、周建建、随小妹;指导教师:莫云峰、马伟锋。

[2] 2013 年,浙江省二等奖:《虹软外包题:安卓多媒体播放器》。陈从文(2011 级软件工程)、曾烨(2011 级软件工程)、王师师(2011 级软件工程)、王平(2011 级软件工程);指导教师:马伟锋、孙奕鸣。

[3] 2013 年;浙江省三等奖:《自选命题:运购公司农村网络购物服务系统》。获奖者:王黎航(2011 级车辆工程)、徐敏嫣(2011 级经济学)、韩佳平(2011 级信息与计算科学)、路子祥(2011 级软件工程)、应小果(2011 级软件);指导教师:莫云峰等。

[4] 2014 年,浙江省三等奖:《手机校园系统》。获奖者:吴启荣(2012 级软件工程)、刘坚(2012 级软件工程)、陆佳(2012 级数字媒体)、钱泉水(2012 级软件工程)、吴绍荣(2012 级软件工程);指导教师:程志刚、孙奕鸣。

[5] 2015 年,浙江省三等奖:《大型停车场反向寻车系统》。获奖者:葛晓飞(2013 级软件工程)、叶致(2012 级软件工程)、王晓婷(2012 级软件工程)、程文卓(2013 级软件工程)、沈卓奕(2013 级软件工程);指导教师:程志刚、张圣律。

[6] 2016 年，浙江省二等奖：《推拿 O2O 平台》。获奖者：俞卫忠（2013 级软件工程）、洪新建（2013 级软件工程）、余作鸿（2013 级软件工程）、吴书杰（2013 级软件工程）、许文强（2013 级软件工程）；指导教师：马伟锋。

[7] 2016 年，浙江省二等奖：《宠物印平台》。获奖者：肖子凡（2013 级软件工程）、金长波（2013 级软件工程）、王华伟（2013 级软件工程）、孔倩倩（2013 级软件工程）、李保成（2013 级软件工程）；指导教师：马伟锋、孙晓勇。

[8] 2016 年，浙江省二等奖：《基于 Uber 模式的优学车平台》。获奖者：朱鸿亮（2013 级软件工程）、陈钢（2013 级软件工程）、陈超（2013 级软件工程）、应红静（2013 级软件工程）、高辉（2012 级数媒）；指导教师：张圣律、张宇来。

[9] 2016 年，企业命题组浙江省二等奖：浙江校友邦人力资源有限公司的《学生社交移动 APP》。获奖者：徐肖威（2013 级软件工程）、汪泺（2013 级软件工程）、郑春儿（2013 级数字媒体）、魏梦影（2013 级数字媒体）、张晓林（2013 级通信工程）；指导教师：程志刚。

[10] 2016 年，企业命题组浙江省三等奖：《基于物联网的智能会议室预订系统》。获奖者：丁晓波（2014 级软件工程）、李彦（2014 级软件工程）、钱倩晨（2014 级软件工程）、沈德圆（2014 级软件工程）、倪恺欤（2014 级软件工程）；指导教师：程志刚等。

七、浙江省"互联网+"大学生创新创业大赛（5 项）

[1] 2015 年，创意组金奖：《基于手机 NFC 功能的电子服务系统》。获奖者：汪锴（2013 级软件工程）、梁海军（2013 级软件工程）、裘玲燕（2012 级软件工程）、李保成（2013 级软件工程）、李旭兰（2013 级软件工程）；指导教师：程志刚。

[2] 2015 年，创意组铜奖：《乐行者 APP》。获奖者：朱鸿亮（2013 级软件工程）、王炯达（2013 级软件工程）、孔倩倩（2013 级软件工程）、王华伟（2013 级软件工程）、肖子凡（2013 级软件工程）；指导教师：马伟峰。

[3] 2015 年，实践组铜奖：《校园寻宝》。获奖者：朱铁成（2008 级教育技术）、金长波（2013 级软件工程）、应红静（2013 级软件工程）、陈立钢、陈钢（2013 级软件工程）；指导教师：莫云峰。

[4] 2016 年，浙江省铜奖：《24 号便利中心》。获奖者：华益峰（2014 级信息与计算科学）、牟正洋（2014 级信息与计算科学）、陈璇（2013 级信息与计算科学）、方泽文（2013 级信息与计算科学）；指导教师：汪文彬。

[5] 2016 年，浙江省铜奖：《快易达》。获奖者：陈璇（2013 级信息与计算科学）、方泽文（2013 级信息与计算科学）、华益峰（2014 级信息与计算科学）、牟正洋（2014 级信息与计算科学）；指导教师：汪文彬。

八、浙江省大学生电子商务竞赛（2 项）

[1] 2012 年，综合类三等奖：《返利网》。获奖者：夏剑雄（2009 级教育技术学）、胡巧君（2009 级教育技术学）、刘琦（2009 级教育技术学）。

[2] 2013 年，综合类二等奖：《村落速达运购服务系统》。获奖者：王黎航（2011 级车辆工程）、徐敏嫣（2011 级经济学）、韩佳平（2011 级信息与计算科学）。

九、其他奖（3 项）

[1] 2005 年，UP 新势力大学生电影节（DV 大赛）三等奖：《日货风波》。获奖者：严立刚（2003 级教育技术学）、洪媛楹（2003 级教育技术学）、俞强峰（2003 级教育技术学）、邵文飞（2003 级教育技术学）、林俊珍（2003 级教育技术学）、龚彪（2004 级教育技术学）；指导教师：杨晓艳、吴纯、岑岗。

[2] 2008 年，首届杭州市大学生科普动漫设计竞赛二等奖：《heal the world》。获奖者：缪能斌、陈吉波（2006 级教育技术）、朱金龙。

[3] 2011 年，浙江省大学生物理科技创新竞赛二等奖：《自动化的双层贮水屋顶》。获奖者：程安丽（2009 级应用物理）、莫国强（2009 级应用物理）、陈佳宇（2009 级应用物理）。

附录6 "四步曲"开放型实践教学活动中学生发表的论文一览表

截止 2016 年 12 月底,学生撰写的论文约 66 篇

2004 年:(1 篇)

[1] 魏英,项城(2003 级教育技术学)等. 基于协作学习的分层次实验教学研究与探索[C]. 信息化进程中教育技术的创新与应用,第三届级教育技术国际论坛论文集. 长春:吉林大学出版社(ISBN 7-5601-2727-4),2004.7:465-468.

2005 年:(1 篇)

[2] 项城(2003 级教育技术学),柳杨. 对大学生自主学习开发创新能力的思考[C]. 第四届教育技术国际论坛论文集:和谐社会建构中的中国教育技术(下). 北京:电子工业出版社(ISBN 7-121-01583-8),2005.8:896-901.

2006 年:(5 篇)

[3] 朱贵(2003 级教育技术学),廖银亮(2003 级教育技术学),岑岗. 《计算机辅助教育》自主型 CAI 学习系统设计[C]. 第五届教育技术国际论坛论文集:教育技术的创新与服务(上). 武汉:华中师范大学出版社(ISBN 7-5622-3073-0),2006.10:416-420.

[4] 周程(2003 级教育技术学),林雪芬,岑岗. 高校教学质量评价方法的思考[C]. 第五届教育技术国际论坛论文集:教育技术的创新与服务(下). 武汉:华中师范大学出版社(ISBN 7-5622-3073-0),2006.10:221-224.

[5] 周程(2003 级教育技术学)、孙晓勇. 在实践教学环节中加强计算机应用能力培养[C]. 全国高校计算机基础教育研究会 2006 年学术年会论文集. 北京:清华大学出版社(ISBN 7-302-13274-7),2006.7:747-750.(一级学会论文集,优秀论文一等奖)

[6] 项城(2003 级教育技术学),孙晓勇,覃伟. 网页设计课程教学的改革尝试[C]. 全国高校计算机基础教育研究会 2006 年学术年会论文集. 北京:清华大学出版社(ISBN 7-302-13274-7),2006.7:610-613.(一级学会论文

集，优秀论文奖）

[7] 童喆（2003级教育技术学），鲍宗亮，柳杨.《摄影技术》自主型网络学习平台的构建与研究[C]. 第五届教育技术国际论坛论文集：教育技术的创新与服务（下）. 武汉：华中师范大学出版社（ISBN 7-5622-3073-0），2006.10：278-281.

2007年：（6篇）

[8] 张银南，岑岗，章国栋（2003级教育技术学）等. Design of Web based Autonomy and Collaboration CAI in Chemical Virtual Experiment[C]. 第二届国际计算机新科技与教育学术会议论文集（ICCSE 2007）. 厦门：厦门大学出版社（ISBN 978-7-5615- 2825-9），2007.7：1186-1189.（ISTP检索）

[9] 章国栋（2003级教育技术学），岑岗、朱贵（2003级教育技术学）. 基于WEB 化学虚拟实验自主协作型 CAI 系统设计[J]. 浙江科技学院学报，2007,19(1)：31-34.

[10] 章国栋（2003级教育技术学），岑岗. 自主协作型虚拟实验教学系统的设计与开发[J]. 计算机时代，2007（5）：70-71.

[11] 陈洁（2005级教育技术学），岑岗. 开放型项目学习促进计算机应用能力培养的探索[J]. 计算机时代，2007（8）：9-11.

[12] 王慧琴（2004级教育技术学），岑岗，唐伟. 普通话多媒体学习软件的设计与开发[J]. 计算机时代，2007（8）：6-17.

[13] 王莲强（2004级教育技术学），莫云峰. 计算机基础教学中应用QQ进行协作学习的研究. 计算机时代，2007（8）：66，69.

2008年：（6篇）

[14] 岑岗，陈洁（2005级教育技术学），林雪芬. Improving Computer Application Ability with Open-ended Project Teaching Method. 第三届国际计算机新科技与教育国际学术会议论文集（ICCSE 2008）. 厦门：厦门大学出版社（ISBN 978-7-5615- 2825-9），2008：1362-1365.（ISTP检索）

[15] 赵佰城（2005级计算机），徐君（2005级教育技术学），岑岗. 普通话学习系统的功能设计与实现[C]. 第七届教育技术国际论坛论文集. 挑战、机遇与发展：应用教育技术促进教育创新. 济南：山东人民出版社（ISBN 978-7-209-04563-9），2008.9：140-143.

[16] 潘晓虹（2003级教育技术学），岑岗等. Design and Develop of College Information Service Platform in Hangzhou Based on WebGIS ICCS[C]. 2008年人工智能在教育中的应用国际学术研讨会. 2008.10：211-215.（ISTP检索）

[17] 王慧琴（2004级教育技术学），岑岗，唐伟. The Designing and Development of the Independent Multimedia Mandarin Instruction System（自主型多媒体普通话教学系统的设计与开发）[C]. 2008年人工智能与教育国际学术研讨会. 2008.10：216-220.（ISTP检索）

[18] 徐君（2005级教育技术学），唐伟，赵佰城（2005级计算机）. 普通话CAI自主学习系统设计[C]. 全国高校计算机基础教育研究会2008年学术年会论文集. 北京：清华大学出版社（ISBN 987-7-302-18787-5），2008.11：230-234.（一级学会论文集，优秀论文二等奖）

[19] 岑岗，陈洁（2005级教育技术学）. 开放型项目教学提高计算机应用能力的实践[C]. 全国高校计算机基础教育研究会2008年学术年会论文集. 北京：清华大学出版社（ISBN 978-7-302-18787-5），2008.11：230-233.（一级学会论文集，优秀论文一等奖）

2009年：（4篇）

[20] 余建伟（2006级教育技术学），岑岗，范露萍（2006级教育技术学）. 小学奥数自主型学习系统的设计与开发[J]. 计算机时代，2009（8）：50-52.

[21] 吴鑫园（2006级教育技术学），刘省权. 概念地图在计算机基础教学中的应用[J]. 计算机时代，2009（8）：59-61.

[22] 李炜（2006级教育技术学），孙晓勇，岑岗. 音乐学习系统的研究与设计[C]. 第8届教育技术国际论坛（ETIF2009）论文集：信息化时代教育技术应用与创新. 北京：电子工业出版社（ISBN 978-7-121-09340-1），2009.8：445-449.

[23] 陈吉波（2006级教育技术学），林雪芬，天文学自主型学习系统的设计[C]. 第8届教育技术国际论坛（ETIF2009）论文集：信息化时代教育技术应用与创新. 北京：电子工业出版社（ISBN 978-7-121-09340-1），2009.8：226-229.

2010年：（4篇）

[24] 岑岗，俞凌云（2007级教育技术学），郑武江（2007级教育技术学）. 教学过程化监控管理系统的设计[J]. 浙江科技学院学报，2010,22（6）：521-524.

[25] 岑岗，章国栋（2003级教育技术学），叶志彦. Research and Construction of Teaching Monitoring and Evaluation System（教学监控与评价系统的研究与构建）[C]. 2010年人工智能与教育国际会议（ICAIE 2010）. 2010.10：179-182.

[26] 刘毅（2006级应用物理学），彭涛（2006级应用物理学），沈杰（2006级

应用物理学）、郑申杰（2006级应用物理学），冯无新．商用节能灯的光谱特性及对人体的危害[J]．浙江科技学院学报，2010，22（4）：94-101．

[27] 卢忠（2006级应用物理学），朱伟（2006级应用物理学），梅进光（2006级应用物理学），阮世平（指导教师）．光强可调大功率LED开关电源的设计与研究（英文）[J]．浙江科技学院学报，2010，22（6）：516-519．

2011年：（3篇）

[28] 岑岗，余建伟（2006级教育技术学）．构建学生自主管理的开放型项目教学新环境[J]．实验室研究与探索，2011（2）：158-160．

[29] 翁彬彬（2008级信息与计算科学），何江（2008级信息与计算科学），杨仲谋（2008级信息与计算科学），岑岗．Establishment of An Autonomous and Open-ended Experimental Project-based Instruction Platform．The 15th Global Chinese Conference on Computers in Education 第十五届全球华人计算机教育应用大会（GCCCE 2011），2011.5：1046-1049．（EI-C检索）

[30] 张益方（2008级信息与计算科学），钱亚冠，吕兵兵（2008级信息与计算科学）等．非广延熵：一种新的Internet拓扑度量[J]．计算机科学，2011（10）：150-152．

2012年：（5篇）

[31] 李宇鹏（2009级应用物理学），晏春明（2009级应用物理学），徐弼军．太阳能LED驱虫与照明系统的开发和设计[J]．浙江科技学院学报，2012，24（1）：27-29．

[32] 周建武（2010级应用物理学），黄国奔（2010级应用物理学），洪西洋（2010级应用物理学），明道雨（2010级应用物理学），杨崇轩（2010级物理），冯元新等。杭州小和山西蜜湖水质监测分析及对策[J]．浙江科技学院学报，2012，24（6）：488-493．

[33] 潘超娅（2009级信息与计算科学），张午（2009级信息与计算科学），童浚超（2009级信息与计算科学），俞观炳（2009级信息与计算科学）．茶园病虫害标本系统的实现与意义[J]．计算机光盘软件与应用 2012（19）：26-28．

[34] 康文豪（2009级信息与计算科学），徐步云（2009级信息与计算科学），张晓宁（2009级信息与计算科学）．基于因子分析对我国沿海省市（区）经济发展状况的综合评价[J]．流通经济，2012（1）：127-129．

[35] 康文豪（2009级信息与计算科学）等．基于BP网络的人脸朝向识别模型[J]．影像技术，2012（1）：29-34，64．

2013 年:(8 篇)

[36] 岑岗,骆钧炎,夏剑雄(2009 级教育技术学). Contruction of A Four-step Practice Teaching ModeUnder Network Enviroment[C]. 第八届计算机新科技与教育国际学术会议(ICCSE 2013),斯里兰卡科伦坡. 2013.4:1382-1385.

[37] 韩佳平(2011 级信息与计算科学),岑岗,黄菁菁(2009 级教育技术学). The Design of University Student's Original Video Display and Learning Communication Platform[C]. 第八届计算机新科技与教育国际学术会议(ICCSE 2013),斯里兰卡科伦坡. 2013.4:1386-1389.

[38] 方益(2011 级应用物理学),茅梓成(2011 级信息与计算科学),刘省权. The Design of the Interactive Autonomy Learning Platform Based on the Network[C]. 第八届计算机新科技与教育国际学术会议(ICCSE 2013),斯里兰卡科伦坡. 2013.4:1378-1381.

[39] 张午(2009 级信息与计算科学),孙晓勇,童浚超(2009 级信息与计算科学),潘超炳(2009 级信息与计算科学),俞观炳(2009 级信息与计算科学). 茶园植物保护信息管理系统的设计与实现[J]. 计算机时代,2013(1):18-19,22.

[40] 康文豪(2009 级信息与计算科学),胡月,代成雷(2010 级信息与计算科学)等. 博弈论视角下"农民上楼"问题的研究——基于第三方要价仲裁平衡模型[J]. 浙江科技学院学报,2013,25(2):102-107.

[41] 康文豪(2009 级信息与计算科学),徐步云(2009 级信息与计算科学),陶祥兴,孙盼(2010 级信息与计算科学). 浙江居民储蓄与股票交易额的关系研究[J]. 中国市场 2013(2):28-31.

[42] 程安丽(2009 级应用物理学),莫国强(2009 级应用物理学),陈佳宇(2009 级应用物理学). 自动化的双层贮水屋顶的研究[J],科技致富向导,2013(33):328.

[43] 邵云龙(2010 级信息与计算科学),代成雷(2010 级信息与计算科学),康文豪(2009 级信息与计算科学)等. A Study on the Relationship among Resident Saving, Economic Growth, Monetary Policy and Stock Trading Volume in China(我国居民储蓄、经济增长、货币政策与深沪股市交易额的实证研究). 第二届科学与社会研究国际会议(ICSSR 2013),2013.7.13-14:728-731.(EI-C 检索)

2014 年:(14 篇)

[44] 韩佳平(2011 级信息与计算科学),岑岗. 高校学生原创视频展示与学习

交流平台的设计[J]. 浙江科技学院学报，2014,26（1）：35-40.

[45] 方益（2011级应用物理学），汪文彬. 自主式虚拟学习平台的设计与实现[J]. 浙江科技学院学报，2014,26（1）：41-45.

[46] 韩佳平（2011级信息与计算科学），岑岗. 开放型实践教学基地的学生自主管理研究与探索[J]. 实验室研究与探索，2014（4）：215-219.

[47] 茅梓成（2011级信息与计算科学），岑岗. 基于网络的工业产品展示交流平台设计[J]. 浙江科技学院学报. 2014,26（3）：206-211。

[48] 茅梓成（2011级信息与计算科学），岑岗，范玉凤. The Design and Developmentof The Display Platform for Industrial DesignWorks[C]. 第九届计算机新科技与教育国际学术会议（ICCSE 2014），加拿大温哥华. 2014.8.22-24：1132-1135.

[49] 韩佳平（2011级信息与计算科学），岑岗. Design of an Industrial Product Platform Based on the Witkey Mode[C]. 第九届计算机新科技与教育国际学术会议（ICCSE 2014），加拿大温哥华. 2014.8.22-24：1136-1139.

[50] 余威一（2013级信息与计算科学），范玉凤，岑岗. 微课教学交流平台的设计与构建[J]. 浙江科技学院学报，2014,26（5）：363-367.

[51] 金梦奇（2012级工业设计），韩佳平（2011级信息与计算科学），汪文彬. 基于威客模式的工业设计产品平台的构建[J]. 浙江科技学院学报. 2014（6）：419-423.

[52] 代成雷（2010级信息与计算科学），吴强（2011级应用物理学），张少林等. 道位利用率的优化设计与仿真[J]. 物流工程与管理，2014（1）：64-67，98.

[53] 王超（2010级信息与计算科学），闫陈莉（2010级信息与计算科学），吴迪（2010级信息与计算科学），项英杰（2010级信息与计算科学）. 基于HttpClient的Android客户端的设计与实现[J]. 计算机时代，2014（3）：30-32.

[54] 李睿（2010级应用物理学），黄丽湾（2010级应用物理学），徐弼军等. 新型光伏微电脑自灌溉系统的研究[J]. 浙江科技学院学报，2014,26（5）：349-352.

[55] 樊正富（2010级应用物理学），洪西洋（2010级应用物理学），黄国奔（2010级应用物理学），田栋炜（2010级应用物理学），熊必涛. 大棚太阳能智能温光调控系统设计[J]. 浙江科技学院学报，2014,26（5）：353-356.

[56] 吴刚（2011级应用物理学），曾曾（2011级应用物理学），张东（2011级应用物理学），林时康（2011级应用物理学）. LED壁灯的设计[J]. 科技致富向导，2014（32）：158.

[57] 尤晨阳（2011级通信工程），林文强（2011级通信工程），吴强（2011级应用物理学），姚洪亮（2011级通信工程），张少林．基于集成化模式的整车第三方物流信息系统设计[J]．浙江科技学院学报．2014,26（5）：357-362．

2015年：（4篇）

[58] 陈璇（2013级信息与计算科学），岑岗，方泽文（2013级信息与计算科学）。响应式自助微课学习平台的设计[J]．浙江科技学院学报，2015，27（1）：48-54．

[59] 陈璇（2013级信息与计算科学），方泽文（2013级信息与计算科学），岑岗等．Responsive Mobile Micro-lecture Online Learning Platform under MOOC Model[C]．第十届计算机新科技与教育国际学术会议（ICCSE 2015），英国剑桥大学威廉学院，2015.7.22-24：1009-1013．（EI-C检索）

[60] 胡晓峰（2014级软件工程），岑岗，金梦奇（2012级工业设计），闻依宁（2012级工业设计），华益峰（2014级信息与计算科学）等．The Designand Developmentof bamboo Product Interactive Exchange Platform Basedon MVC Mode（MVC模式下竹制品互动平台的设计与开发）[C]．第十届计算机新科技与教育国际学术会议（ICCSE 2015），英国剑桥大学威廉学院，2015.7.22-24：947-950．（EI-C检索）

[61] 华益峰（2014级信息与计算科学），金梦奇（2012级工业设计），胡晓峰（2014级软件工程），闻依宁（2012级工业设计），陈璇（2013级信息与计算科学），岑岗等．基于Web的竹工艺品设计交流平台的构建[J]．浙江科技学院学报，2015，27（3）：208-212．

2016年：（5篇）

[62] 岑岗，林雪芬，方益（2011级应用物理学）．工程应用型人才培养模式改革探索——以浙江科技学院"四步曲"人才培养模式为例[J]．浙江科技学院学报，2016，28（2）：135-139．

[63] 陈璇（2013级信息与计算科学），胡晓峰（2014级软件工程），汪锴（2013级软件工程），胡昊（2015级软件工程），岑岗：大学生科技创新项目过程化管理系统设计[J]．浙江科技学院学报，2016，28（3）：205-210．

[64] 陈璇（2013级信息与计算科学），岑岗等．Study and Construction on Independent Innovation Practice Environment for Students at Multi-campu．第十一届计算机新科技与教育国际学术会议（ICCSE 2016），日本名古屋大学，2016.8.23-25：749-752．（EI-C检索）

[65] 岑岗，陈璇（2013级信息与计算科学），胡晓峰（2014软件工程）．多校

区学生自主创新实践环境研究与构建[J]. 实验到研究与探索，2016，35
　　　（11）：182-185.

[66] 王斌斌（2013 级信息与计算科学），方泽文（2013 级信息与计算科学），
　　　汪文彬，岑岗. 个性化高数慕课学习平台设计与实现[J]. 浙江科技学院
　　　学报，2016，28（6）：439-443.